THINK AGAIN
MURPHY'S LAW

逆轉墨菲定律

如何讓你擔心的事不再發生

目次 contents

> **Murphy's Law 墨菲定律一**
> **如果你擔心某事發生，那麼它就有可能發生**

01 你越是擔心的事，往往越容易發生

當你害怕某事發生時，它可能發生的機率就越大　　08

精挑細選的衣服，為何一穿就會撞衫　　12

二選一的時候，選擇的那個為何總是錯的　　15

你把失敗看得越重，它越會找上你　　20

02 在有意無意之間，總會打理自己的服裝儀容

你不會有兩次機會，塑造你的第一印象　　23

為了留下好印象，總有人逞強自己有能力　　27

刺蝟哲學，保持恰當的距離　　31

有了氣質和魅力，穿什麼都是注目焦點　　35

害怕年紀曝光，卻總有人問你貴庚　　38

03 那不想要的壞習慣，每天總在重複上演

你認為時間還很多，時間卻從來不等你　　42

越是簡單的事情，越是容易出錯	48
你犯過的錯誤，為什麼下一次還是會犯	52
習慣會麻痺神經，讓你永遠看不清真相	56

04 在情緒裡做的決定，往往是最讓你後悔的

生氣後做的事情，只會更糟	61
微弱的壞情緒，最終也可能釀成大禍	64
抱怨聲一響起，就不會有好結果	69
你越嫉妒別人過得好，越會發現他過得更好	74
壓抑情緒，突然爆發更加可怕	79
仇恨的種子埋得越深，越是看不到希望	83

Murphy's Law 墨菲定律二

任何事都沒表面看起來那麼簡單

---

05 辦公室的生存，沒有表面那樣風平浪靜

你認為不值得的事情，這件事一定做不好	90

沒有計劃的工作，總是浪費更多的時間	94
廢寢忘食的工作不一定是勤奮，也許是能力不足	99
不懂主動彙報，主管不會知道你有多積極	103
忙碌時主管不見蹤影，開小差時總被抓包	107
抱怨只會產生問題，而不會解決問題	109

06 銷售的秘訣，潛意識中影響顧客購買決策

借助「假設成交法」，影響顧客的決策	114
降價並不等於暢銷，漲價也許並不難賣	118
越是稀少的產品，顧客越是趨之若鶩	120
大家都買，我不買就吃虧了	124
永遠賣不完的清倉大拍賣	128
抓住顧客追利的心，達到交易的目的	131
「客製化」，讓每個顧客都覺得他很特別	134
設一個錨點，讓顧客更容易接受	138

07 管理者沒有表面那樣風光，凝聚團隊永遠不簡單

個人的英雄主義，只會讓你犧牲得更快	142
害怕員工強過自己，團隊會越來越弱小	145

主管不懂下放權力,員工只有消極怠工	149
上下階層溝通不暢,團隊將會變成一盤散沙	152
一個員工放錯位置,其他員工都會偏離	156
你越猶豫,最後的結果可能越糟糕	160
不懂分析,決策永遠伴隨巨大的風險	164
無法達成的目標並非太大,而是太過遙遠	168

Murphy's Law 墨菲定律三
笑一笑,明天未必比今天好

---

08 朋友間的交流,話少一點對方更願意聽

在你認同別人意見前,別人不可能同意你的意見	174
最初你堅持的想法,最後總會因為別人的意見而改變	179
當你最高興的時候,總能說出最傷人的話	181
遇到朋友借錢,拒絕不到位總會破壞友誼	185
太熱心,最終反而導致更多麻煩	188
想要討好所有人,最後沒有人會滿意	192

09 你想要的越多,最後發現得到的越少

年輕時拼命賺錢,年老後花錢看病　　　　　　　　196
你努力得到的,最後都得努力地放下　　　　　　　200
每天追求完美,卻看不到缺陷之中也有美　　　　　203
在貪婪人的眼中,快樂是遙不可及的慾望　　　　　209
哪兒有什麼最好的?適合自己的就是最好的　　　　216
開心也是一天,不開心也是一天　　　　　　　　　220
時間是自己給的,累了就該歇一歇　　　　　　　　223

10 花朵總會凋零,那也無法荒蕪了春色的盎然

改變世界過於妄想,改變自己的想法易如反掌　　　227
你想回頭看看青春,青春卻早已不再　　　　　　　232
失去就失去吧,沒什麼大不了的　　　　　　　　　237
忙裡偷閒,享受身心的愉悅　　　　　　　　　　　242
牛奶已經被打翻,哭又有什麼用呢　　　　　　　　246
你若嫌棄自己長得不好,生活也會變得不好　　　　251

Murphy's Law

墨菲定律一

> 如果你擔心某事發生,
> 那麼它就有可能發生

01 你越是擔心的事，往往越容易發生

當你害怕某事發生時，它可能發生的機率就越大

我們經常會遇到這樣的時刻，越是擔心什麼就越會遇到什麼。尤其在面對一些重要的任務或者關係重大的事件的時候，上天彷彿是在跟我們唱反調一樣，越怕出錯，就越是出錯。讀者可以仔細想一下，當你今天有重要的會議，想著上班千萬別遲到時，往往會出現交通堵塞；當你下週準備期末考試，想著千萬別在考試前生病，往往在臨近考試前幾天身體就突然就會生病。正所謂「怕什麼就會來什麼」。在墨菲定律中，**你越害怕某事發生，它越有可能成真。**

美國的射擊運動員馬修・埃蒙斯（Matthew Emmons）就深陷墨菲定律的困擾中。

在 2004 年的雅典奧運會賽場上，來自美國的射擊選手馬修・埃蒙斯前 9 槍打出優異的成績，只要他正

常發揮，就可以穩穩地將金牌入袋了。可是意外偏偏就在這時，馬修・埃蒙斯竟然將子彈打到別人的靶子上，而且是個高分的 10.6 環。就這樣埃蒙斯失去奧運金牌。隔了四年於北京奧運會，埃蒙斯再次上演這樣的悲劇。在倒數第二輪領先第二名 4 環的情況下，最後一槍又出現嚴重失誤，只打出 4.4 環，於是埃蒙斯再次將金牌拱手讓人。當然，悲劇也不會因此而結束，到了 2012 年的倫敦奧運會，埃蒙斯再次於最後一槍出現失誤，將已經垂手可得的銀牌，拱手送給韓國選手。

美國史丹佛大學研究人員發現：人大腦中的想像圖像，會對人的神經系統進行刺激，將自己假設的情況作為真實情況，並為之努力。比如，上文提到的埃蒙斯，在射擊之前，總是擔心自己射不出好成績，於是他會一再告訴自己不要將子彈射偏，這時候他的大腦便會自然地形成一種子彈射偏的清晰影像。於是結果就像是墨菲定律開的玩笑一般，子彈會偏出靶心。

由此可見，在處理一些關係重大的事件時，要懂得心態放平，不要將失敗的結果看得太過嚴重，不能讓自己一直處於焦慮的狀態。要換一種心態，想著失敗一次又如何，大不

了從頭再來。這樣才能戰勝心態，擺脫墨菲定律的宿命。

美國有一個青年名叫麥基，出身貧寒，也沒接受過高等的教育，但憑著不凡的勇氣來到波士頓。

在波士頓，他結識一位朋友名叫荷頓，並合夥開了一家布店。後來，他愛上荷頓的妹妹，卻遭到荷頓反對。因為在荷頓看來，麥基沒有什麼能耐，根本配不上自己的妹妹。最後，麥基只得帶著荷頓的妹妹離開布店，重新開始他們的生活。

婚後，麥基自己開了一家經營針線和鈕扣的小店。本以為能大賺一筆，結果生意非常慘淡。麥基從這次失敗的經驗中明白，不僅要考慮客戶的需求，還要考慮顧客購買的可能性──有誰會為買一個鈕扣走很遠的路呢？

在那之後，不甘心的麥基又先後開了兩家布店，但結果都以失敗收場。不過，他也從中明白許多經營之道。比如，做生意要處理好從進貨到銷售過程中的各個環節，任何一種經營策略都要結合具體的環境因素才能發揮作用。成長的代價總是痛的。幾經波折之後，他幾乎賠光所有積蓄。

就在這時，當年嫌他沒有本事的荷頓卻找上門來，

並願意提供資金讓他東山再起。荷頓認為，麥基這些年雖然經歷很多失敗，但也從失敗中汲取經驗，增長智慧與能耐。如今，麥基已經是一個合格的合夥人。

在荷頓的幫助下，麥基又開起自己的商店，並在很短的時間內開設分店。十年之後，麥基的生意擴大數十倍，成為全世界最大的百貨公司之一。

成功者往往都是輸得起的人，他們不是未曾被擊倒過，而是在被擊倒之後，仍能夠堅定地站起身、向著前方勇敢地邁進。

美國詩人惠蒂爾（Whittier）說：「從不獲勝的人很少失敗，從不攀登的人很少跌倒。」想贏就不要怕輸，想收穫人生的輝煌，就不要怕經歷失敗或是遭受打擊。勝利固然值得驕傲，在拼搏中經受失敗的人更值得尊重。只要你輸得起，就一定有重新來過的機會。

精挑細選的衣服，為何一穿就會撞衫

生活中，你肯定也遇到過不少這樣的情況：買了一款新包包，揹出去之後，發現很多人都有這樣的包包，瞬間就覺得這包包太普通了；精挑細選，終於下定決心買了一件看起來足夠特別的衣服，可剛穿出去，就跟別人撞衫了。

買的時候，就是看中了這些小眾物品，可買到手之後，卻發現太大眾化了。這到底是怎麼回事呢？墨菲定律裡說：**一旦你聽到一個新詞，你就會一直聽到它。**

其實，這也不是什麼不可解的難題。心理學中有一個「視網膜效應」，指的是當我們用了一件東西，或是具備某一特徵之後，就會情不自禁地更加注意別人是否也有這件東西，或也具備這樣的特徵。所以，當我們開著新款車、穿著新衣服的時候，就會特別關注別人是否也跟自己一樣，結果就比平常發現得多了。

有一位女士，因為公司離家比較遠，準備買一輛車代步。在精挑細選後，她買了一輛很有個性、銀白色的車，她喜歡這種與眾不同的感覺，覺得這種顏色的車很少見，這樣能凸顯出她的與眾不同。可是，當她買了之後，就發現無論是高速公路上，還是小巷子

裡，甚至在辦公大樓的停車場裡，到處都有跟自己同款同色的車。

她開始覺得奇怪，為什麼一開始沒發現這麼多銀白色的車，而現在忽然多起來了呢？她把這件事分享給一位同事。那位同事正好懷孕，聽她講完後，說：「我倒沒看見有很多銀白色的車，可我最近發現，不管走到哪兒，都能看到很多孕婦。」

這就是視網膜效應。在這裡，談論這一現象有什麼用呢？心理學家認為，視網膜效應對人的行為和心理有著深遠的影響。卡內基先生也說過：每個人的特質中大約有80%是優點，而20%左右是缺點。當一個人只知道自己的缺點是什麼、不知如何發掘優點時，「視網膜效應」就會使他發現身邊也有許多人擁有類似的缺點，使得人際關係無法改善，生活也不快樂！

想想看，當人們為自己找藉口的時候，是不是經常說這樣的話：「又不是我一個人這樣，某某也這樣做過！」其實，這就是在犯錯之後，去發現別人身上也有一樣的缺點。若總是用這樣的方式來處理問題，不僅人際關係搞不好，自己也很難有積極的轉變。相反，當我們能夠發現自身的優點時，

也會以一種包容的心來欣賞與接納周圍的人，用積極的態度看待他人，這是良好人際關係的必備條件。

王佩佩是個不懂得欣賞和肯定自己的人，總覺得自己事事不如人，也沒有什麼特殊的才能，沒有專長，而且什麼事情也做不好。每次與朋友在一起時，總是很膽怯，害怕他們嘲笑自己——因為她覺得自己不僅笨，而且還長得不夠漂亮。

每天，她都低著頭走路，就連與他人說話，聲音也小得很。

有一次朋友聚會，邀請王佩佩。吃完飯後，大家建議一起去唱歌。在唱歌時，她的一位朋友麗麗就將王佩佩叫了起來：「王佩佩，其他人都唱了，我聽說你唱歌很不錯，為大家唱一首歌吧！」

大家也都跟著喊起來。其實，王佩佩唱歌很不錯，嗓音也很好，但由於自卑，很少在別人面前顯露自己的才藝。

看到大家都在鼓勵她，王佩佩只好拿起麥克風唱了起來，雖然唱得有些生硬，但唱了幾句後，大家都沒想到王佩佩唱歌這麼好聽，紛紛鼓起掌來。唱完一首後，王佩佩應同事要求又安可一首歌。

散會前麗麗送王佩佩一束鮮花,並湊在耳邊說:「你唱歌真棒,只要你仔細觀察,你身上還有許多優點,為什麼你自己看不見呢?其實不管別人是否欣賞你,首先就要學會欣賞自己,重視自己。」

從那次之後,王佩佩變得開朗許多,工作上也有很大進步。

英國文學家薩克萊(Thackeray)說過:「生活好比一面鏡子,你對它哭,它就對你哭;你對它笑,它就對你笑。」當我們溫柔地對待這個世界的時候,世界才會同樣溫柔地對待我們。要做一個人緣好、受歡迎的人,就要培養欣賞自己和肯定自己的能力,以欣賞的目光看待周圍的一切,生活才能更快樂。

二選一的時候,選擇中那個為何總是錯的

人生就是由無數道選擇題串聯而成的,當我們面臨兩個選擇的時候,經常左右為難,不知道該怎麼選。當形勢所迫,

必須做出選擇時,只好賭一把。結果,總是「逢賭必輸」,選了錯誤的那一個。

對此現象,墨菲定律裡早就提到過:**當人們糾結於兩個選項的時候,結果總是沒有被選的那個是正確的。**為什麼這樣的情況頻頻發生,卻無法避免呢?需要瞭解一下內在的原因。

我們之所以糾結於兩個選擇,是因為它們各有利弊,且利弊看起來相差不多。倘若有明顯的利弊差異,做選擇就沒那麼難了。偏偏利弊對等,這就讓人為難。另外,事情都有兩面性,在某個時刻看起來絕對有利的事情,依然隱藏著某些看不到的不利因素。

人都有趨利避害的本能,也會為了追求完美而產生優柔寡斷的毛病。所以,當面對兩個差不多的選項時,自然會糾結。人都希望自己能夠得到最大的利,避免所有的弊,這種慾望會讓人變得盲目和貪心。在選項面前,看不清楚自己最想要的是什麼,最適合的是什麼。在婚戀和職業選擇中,這情況很常見,很多人在做出選擇後都後悔了。

有選擇就會有捨棄,人們在選擇過後,也會產生「沒得到的才是最好的」的心理,覺得沒有選的那一個才是對的。

有沒有辦法打破這條墨菲定律呢?答案是肯定的。

當面對兩難的選擇時,先別急著做決定,而是要去瞭解

自己,找到自己真正的需要,認清楚自身的優勢和特點,不要太貪心。在此基礎上,權衡利弊,選擇適合自己的選項。這樣的話,我們就能提高選擇的正確性。

很久以前,有一隻烏鴉非常羨慕在高空中翱翔的老鷹,很想像老鷹一樣來一個漂亮的俯衝,抓住草地上的小羊。於是,烏鴉天天模仿老鷹的動作,拼命練習。過了很多天,烏鴉覺得自己已經練得很棒了,就從樹上一衝而下,撲到一隻山羊的背上,想完成老鷹那樣完美的動作。

但是,烏鴉的身子太輕,落到山羊的背上時,爪子又不小心被山羊身上的毛纏住了。牠拼命地拍打翅膀,想要從山羊的背上逃脫,都失敗了。前來趕羊的牧羊人看見了,把烏鴉抓走。

烏鴉不但沒能像老鷹那樣抓住小羊,反而把性命交到牧羊人的手裡,烏鴉的盲目模仿簡直是一場悲劇。

一般人都知道,俯衝抓羊的動作適合老鷹,卻不適合烏鴉。但是,這隻可憐的烏鴉卻以為自己能成為像老鷹般的烏鴉,簡直荒唐可笑。可是一笑之後,你是否有那麼幾秒鐘的

頓悟，是不是在這隻烏鴉身上看到了某個時候自己的影子？曾幾何時，也像這隻烏鴉一樣，因為看到別人的光鮮，就盲目地跟從，做了一些不適合自己的事呢？

就像人在買鞋買衣服時一樣，36號的腳就只能穿36號的鞋，高大的身材不能穿XS的衣服。一定要選適合自己的才最舒適。即使是再昂貴、再精緻的東西，如果不適合你，也只能當作擺設，物品的價值也就得不到體現。

如果一個人總是在將就與勉強中度日，那將會是多麼痛苦的事。如果你選擇不適合自己的路，這就像穿上了不合腳的鞋走路一般，會顯得異常艱難，甚至會把自己陷入無法自拔的泥沼。

適合，對我們來說太重要了。在感情中，我們要找到適合的伴侶，這樣才有一起營造幸福；在事業中，要找到適合的工作，這樣才有奮發向上的動力；在生活中，要找到適合的人生方向，這樣短暫的一生才不會遺憾重重。

很多時候，也許你的適合卻得不到身邊人的理解，甚至會遭到強烈的反對。可是，如果你覺得那是最適合你的，就一定要堅持，因為只有堅持，才能讓時間證明你的正確。如果你因為得不到認可就委屈放棄，最後一定不會只有遺憾那麼簡單。

能對自己的人生負責的只有自己，除了自己，沒有人會

為你的錯誤選擇買單,連最親近的人也不能。所以,我們在聽取別人意見的同時更應該問問自己,這適合我嗎?當然,堅持自己的選擇前提是經過深思熟慮後確定適合自己的。

趙雷最近從某企業離職了,自己經營小吃店。他放棄令人羨慕的工作,不僅讓周圍的人吃驚不已,更遭到家人的強烈反對,父親甚至以斷絕父子關係相要脅。

他很苦惱,和朋友說:「我在企業裡每天重複同樣的工作,拿著固定的薪資,生活沒了熱情。我覺得趁年輕應該多闖多拼,希望透過創業更快地成長,就算失敗也無所謂。」

朋友請他把真實的想法找個機會和他父親好好談談。後來在一次聚餐時,他和父親認真地談了自己的想法和感受,他父親也勉強答應讓他試試。經過幾年的磨練,酸甜苦辣都嘗盡,變成加盟連鎖速食店。看著頗有成就的兒子,老父親笑了。

適合自己的才是最好的,不要一昧地邯鄲學步,因為適

合他人的不一定適合自己。也不要勉強自己去做自己根本無法做到的事情，那樣有可能適得其反。只有找到適合自己的位置，你才能更加得心應手，取得更好的成績。

你把失敗看得越重，它越會找上你

人生是怎樣的一種經歷？借用俄國作家車爾尼雪夫斯基回答這個問題最為恰當：「歷史的道路不是涅瓦大街上的人行道，它完全是在田野中前進的，有時穿越塵埃，有時穿越泥濘，有時橫渡沼澤，有時行經叢林。」

墨菲定律告訴我們，**無論是出於主觀因素還是客觀因素，人都是會犯錯的，失敗和挫折是不可避免的產物**。從這個意義上講，沒有誰比誰幸運，現實總是充滿坎坷的，關鍵在於面對這道坎的時候，你是用什麼樣的態度面對。

拿破崙‧希爾曾經這樣解釋人生的逆境：「那種經常被視為失敗的事，只不過是暫時性的挫折而已。還有，這種暫時性的挫折實際上就是一種幸福，因為它會使我們振作起來，促使我們調整自己的努力方向，朝著不同但更美好的方向前進。」

有一個很著名的案例瓦倫達效應（Karl Wallenda Effect）。世界最偉大的高空鋼索表演世家，瓦倫達家族的每一位表演者都有著精湛的技藝。在20世紀早期，70多歲的卡爾・瓦倫達說，他的生活就是走鋼絲，所有的一切都是機遇與挑戰。他專注於目標、任務與決策的能力，讓人心生敬意。但是在一次對瓦倫達來說意義十分重大的走鋼索表演時，瓦倫達出現重大失誤，從波多黎各聖胡安的兩個高層建築之間跌落下來，不幸身亡。他的妻子在事後接受採訪時，悲傷地說道：「我猜想他必定會出事，因為他在上場之前，一直唸叨著：『這次演出太重要了，我必須成功，不能失敗。』在以前的演出，他並不會關心成敗，而這次他太注重成敗了，所以出事了。」

後來，心理學家就將這種過分擔心結局的心態稱為「瓦倫達效應」。這種心態影響很多人的表現。

在職場人生中，失敗就像一座無形的牆，常常讓我們防不勝防。

在面對失敗時，我們不應在進與退之間計較得失、猶豫徘徊，更不應該選擇逃避。因為逃避會消磨人的意志，弱化人的勇氣，淡化人的理智。久而久之，逃避會成為讓我們感到安定卻消磨意志的包袱。這也意味著我們將向失敗低頭。我們應該不斷增強自身的承受能力，愈挫愈勇，迎難而上，理直氣壯地面對失敗，不屈不撓地與之戰鬥。只有這樣，我們才能叩開成功的大門。

02 在有意無意之間,總會打理自己的服裝儀容

你不會有兩次機會,塑造你的第一印象

我們在聊天時,常常會聽到這樣的話:

「我從第一次見到他,就喜歡上了他。」

「我永遠忘不了他留給我的第一印象。」

「我不喜歡他,他給我的第一印象太糟糕了。」

「從對方敲門,到進來坐下,再看他的穿著打扮,我就能瞭解他是否聊得來。」

從這些話中,我們可以看到,大多數人都是靠第一印象來判斷及評價一個人的。如果對方喜歡你,就是你給他留下良好的第一印象;如果對方討厭你,肯定是你給他的第一印象太糟糕所致。

心理學研究發現,與一個人初次會面,45秒內就能產生第一印象。第一印象對他人的社會知覺(Social Perception)會產生較強且持久的影響,進而在對方的腦中形成並佔據主導

地位。因此墨菲定律提出：**人們永遠沒有打造第一印象的第二次機會**。

　　1957年，心理學家盧辛斯（Abraham S. Luchins）做過一個實驗。他採用兩段不同的文字向學生形容吉姆——一段是將吉姆形容成一個樂觀、友好、開朗、願意與人結交，另一段則將吉姆描繪成一個呆板、內向、容易害羞的人——然後讓他們跟吉姆接觸。實驗結果證實，那些在之前接受吉姆外向資訊描述的人，大部分都認為吉姆確實是個外向、友好的人；而那些接受吉姆內向資訊的人，大部分認為吉姆就是一個內向、害羞的人。當再把其他資訊呈現在他們面前之後，大部分人都以自己接收的第一段資料為準，第二次發放的資料影響較小。

　　由此可知，人們對後面獲取的內容有明顯的定向性。也就是說，人們總是將他們對某個人的第一印象作為框架，去理解他們之後獲取關於這個人的相關資訊。在社會心理學中，認為這是受到初始效應（Primary Effect）的影響。

心理學實驗證實，如果第一印象形成肯定的心理定式，就會讓人們在之後的交流中更願意去挖掘對方美好的部分；如果第一印象形成是否定的心理定式，在日後的交往中，人們便會偏向於去揭露對方讓人討厭的那一部分。第一印象往往帶有普遍的主觀性傾向，會對之後行動產生直接影響。如果我們在第一次見面時給人留下不好的印象，那麼日後再怎麼努力，也很難消除對方既定的偏見。

李東華是某公司經理，一天，他接到一通電話，說向華公司的銷售員想拜訪他。基於認為產品品質不錯，所以李東華決定，下午三點請那位銷售員到自己辦公室見面。

下午三點，有人敲門，在李東華的一句「請進」之後，進來一個人。只見他穿一套舊的、皺皺巴巴的淺色西裝，搭配羊毛衫，打一條領帶；領帶飄在羊毛衫的外面，有些髒，好像有油污；黑色皮鞋，沒有擦，上面佈滿灰塵。

有好一會兒，李東華都在打量他，腦中一片空白，也聽不清他在說什麼，只隱約看見他的嘴巴在動，還不停地放些資料在他面前。

銷售員介紹完好一會兒，李東華還沉浸在這名銷

售員的打扮上。等他回過神來,馬上對銷售員說:「把資料放在這裡,我看一看,你回去吧。」

就這樣,這名銷售員被打發走了。

雖說內在比外表重要,但是人往往會被外表所吸引,尤其是第一次見面時,穿著得體的人,更容易得到別人的信任。

曾有位資深的人資告誡新入職場的晚輩:在任何行業中,懂得包裝形象,給他人一個良好的第一印象,永遠是成功的第一步。這話說得一針見血。人都是注重視覺感覺的,像上面李東華的這個例子,如果你給對方第一感覺是邋遢、不修邊幅的,將如何讓別人有意願繼續和你談下去呢?即使你能力再強,也很難得到證明。正如那句老話「好的開端,是成功的一半」。

在接觸交流時,一定要注意為對方留下好印象。心理學家認為,影響第一印象的主要因素包括性別、年齡、衣著、姿勢、臉部表情等「外部特徵」。通常情況下,一個人的體態、姿勢、談吐、衣著打扮等,反映出這個人的內在素養和個性特徵。因此,在交友、招聘、求職等社交活動中,就要充分利用這種效應,緊緊抓住初次會面的前45秒,展現給他人一種好的形象,為以後的關係打下良好的基礎。

為了留下好印象,總有人逞強自己有能力

「人要臉,樹要皮」。這句話我們一點都不陌生。尤其是對於很多男性而言,有時候為了面子,在朋友面前不免擺出一副這樣的姿態:「沒問題!這事好辦!」、「交給我,放心!」

為了給朋友留下一個好印象,「拒絕」似乎成了字典裡從未出現過的詞。

為了朋友兩肋插刀,這當然讓人敬佩;可是,如果自己明明沒有那份能力,卻依舊對於朋友的期望有求必應,這是一個成熟的人應有的行為嗎?墨菲定律告訴我們:**當你逞強能辦一件事,而這件事又超出你的能力後,最後的走向總是朝著你最不願意看到的地方前行。**

孫皓有一個朋友名叫趙磊,是一名企業老闆。趙磊的生意不斷做大,他決定與一家飯店談特約合作。而孫皓恰恰就在這家飯店工作,於是他找到這個老朋友。

然而,趙磊不知道的是:早在年初,孫皓因為與主管有過磨擦,離開這家飯店。不過,朋友因為這件事專門宴請自己,加上又喝了點酒,因此孫皓拍著胸

脯說:「老兄,你的事就是我的事,我一定給你辦好!」

「兄弟,不勉強。我們是新公司,談判的主動權不多,實在不好做,你可別難為自己,有什麼問題就和我說,大不了再想辦法!」

聽到趙磊這樣說,孫皓反而更加覺得要維護自己的形象:「看你說的!我怎麼也是資深員工,也是這家飯店的管理職了,這事你就放心吧!」

第二天,為了趙磊的這件事,孫皓開始忙碌起來。結果可想而知:一個已經離職的員工,並且還與主管產生過爭執,怎麼可能和原單位再有密切的合作?一轉眼,半個月就過去了,卻毫無進展。

這天,趙磊打電話給孫皓,諮詢相關事宜,並再一次強調:如果不好辦就算了。可是孫皓意識到,如果這個時候拒絕,無疑丟了面子。那麼自己該如何進行下一步呢?孫皓陷入了迷茫。

過了兩天,他的前同事告知:飯店可以和趙磊簽約,但不是由總經理出面,而是這位同事簽約。因為,趙磊的公司只是小客戶,不需要總經理親自出面。

聽到這個消息,孫皓興奮異常,立刻通知趙磊。幾天後,趙磊與孫皓的前同事簽了合約,並支付一年預付金。當天晚上,趙磊邀請親朋好友,並多次讚揚

孫皓辦事穩妥。直到這時，孫皓依舊沒有告訴朋友們，他早已離開飯店。他已經陷入朋友的讚美中不可自拔。

然而讓孫皓沒想到的是，興奮沒有兩天，事實總是會被揭發。第三天，趙磊去飯店，得知飯店並沒有和趙磊簽約！

「公司有明確規定，對於企業客戶必須由總經理親自簽署合約，你的這份合約是假的，並且和你簽約的那個人，上個月剛剛辭職！還有孫皓，已經離職半年多了，根本不是我們的員工！」在總經理室內，趙磊得到這樣的答覆。

趙磊一下子傻了。急忙聯繫孫皓的前同事，卻發現早已找不到人。一怒之下，他將孫皓告上法院。面對即將到來的法律制裁，一向愛笑的孫皓，再也笑不出來了。

想想看，現實中，孫皓這樣的人存在嗎？為了獲得朋友青睞，面對請求，不假思索地拍胸脯，卻根本沒有想過：自己有能力解決問題嗎？如果解決不了，又有什麼辦法去化解？

如果答案是否定的，依舊想著「兩肋插刀」，那麼結局

一定如孫皓一般。

為了留下好印象硬著頭皮答應，這是很多人在交流時會掉入的危險行為；但隨後丟失內心的快樂，這也是很多人意想不到的結局。拒絕，真的那麼難嗎？當然不，但是為了撐起自己的形象，打腫臉充胖子，雖然當時無比痛快，結果卻害了自己。

也許在孫皓心裡，甚至在我們自己的心裡，都會對這一行為貼上「吃力不討好」的標籤，甚至抱怨朋友最後的行為有些「太不夠義氣」，但平心靜氣地想：如果第一時間告訴朋友自己的現狀，明確告知的確無法做到，那麼朋友又怎會平白無故地遭受損失？辦不到，只是因為暫時的能力不足；但辦不到還不拒絕，只會留下人品有問題的壞印象。

每個人都想讓自己的形象完好，這是人之常情。但是，凡事都不要做過頭，不然形象保不住，還會為自己帶來啼笑皆非的難堪。所以，在面對朋友無法做到的要求時，與其死要面子說大話，倒不如和朋友說明情況婉言拒絕，反而會讓朋友理解你的難處，並欽佩你的為人。

當然，在拒絕的語言上，也需要用點心思，這樣才是真正的「婉拒」。

首先，提供建議給對方。在拒絕的同時，我們如果能夠給朋友一些建議，那麼就會沖淡可能產生的不愉快。例如，

你可以說：「這幾天我的確脫不了身，實在沒辦法。但是我知道，有一份資料，能夠幫上忙。這個資料，在圖書館裡，你趕緊去借出來，這樣就不會有麻煩了！」這樣，對方不僅會接受你的拒絕，還會因為你的建議產生感激之情。

其次，讓對方理解你的苦衷。拒絕別人時最忌諱的就是以一種冷冰冰、機械化的口氣說：「不，我沒辦法做！」這樣會傷感情，甚至讓對方嫉恨你。想要婉拒，就應該按捺住內心的衝動，用一種較為緩和的語氣去表述。

例如，一個朋友想要找你幫忙，你應該讓他理解你的苦衷，用無奈的語氣說：「真是不好意思，雖然我很想幫你，可是我現在正被一項新工作搞得頭昏腦漲，所以你看……」同時配合手勢和表情，將這份無奈表現得更加淋漓盡致。這樣一來，朋友即便再想麻煩你，也不得不選擇放棄。

刺蝟哲學，保持恰當的距離

大家都知道，刺蝟身上長刺是為了保護自己，防止敵人攻擊傷害。雖然，在人類看來它是孤獨的，但是它也有自己的「美好生活」：牠們能和其他動物保持一個恰當的距離，

別的動物見到牠也會敬而遠之。牠就像是動物世界裡的中立方，不去招惹誰，也不去得罪誰，牠只願過好自己的日子。如果用這種生活方式來比喻，那就是社會上的「好好先生」。當然，人與人之間的交往沒有動物之間那麼簡單，既要做好自己的事情，又要做得讓其他人都滿意。但是，從刺蝟的處世哲學裡，可以懂得：與其他人保持恰當的距離是絕對有益的。墨菲定律也告訴我們同樣的道理：**和別人距離太近，反而不利於塑造自己在對方心中的形象。**

人際關係中，保持適當的距離也是一門學問。人們通常認為對方踏入以自己為圓心的半徑三公尺的範圍內，就算踏入自己的隱私區了。大家在單獨和別人交往時，只有在確認對方對自己是安全的情況下，才會同意和對方近距離地接觸。要明白，和對方保持一定的距離是對對方的尊重，也是保持自身良好形象的一種表現。

心理學家曾經做過這樣一個實驗：在一個剛開門的圖書室，當只有一名讀者在裡面閱讀的時候，研究人員走進去坐在讀者的旁邊。實驗進行 80 人次。結果顯示，在空曠的空間內，沒有一名被測試的人願意與一個陌生人緊挨著。當研究人員緊挨著讀者坐下的時候，被測試的人在不知曉這是實驗的情況下，大部分

的人都會選擇默默地離開原來的位置，找一個離研究人員距離較遠的地方坐下，也有人會直接向研究人員表達自己的不滿。

實驗證實，每個人都希望在自己的周圍有一個自己可以控制的自我空間，一旦這個自我空間被觸犯，他們就會覺得煩躁不安，甚至生氣。

「刺蝟法則」，是說明這一點。太近的距離不僅會讓人煩躁，而且也無法給對方一個清晰的印象。

在日劇《SORRY 青春！》中，男主角原平助曾經讓兩名學生做過這樣一個實驗。他讓一名男生和女生站在一起，彼此靠近，當這名男生和女生已經近到面對面、臉都快要貼在一起的時候。原平助問男學生：「你的眼中是不是只有她了。」男學生點了點頭，然後原平助接著問：「那你還能看清她嗎？」男生搖了搖頭，說：「眼前一片模糊。」我們也可以嘗試做這個實驗，當把一件物品移到眼前的時候，反而會看不清並且會感受到一定的壓迫感。

在人際關係中，我們也要掌握與對方的距離。美國人類學家愛德華・霍爾（Edward Twitchell Hall, Jr.）博士將人與人之間的距離分成了四種。

- **親密距離**。這是人際關係的最小間隔，最近距離約為 15 公分。這樣的距離可以觸摸彼此的肢體並能感受到對方體溫、氣息；最遠距離為 44 公分，肢體依然可以觸碰，可促膝談心。這個距離只適合親密朋友，如果不是親密朋友，是不禮貌的，會引起對方的反感。
- **個人距離**。這個距離適合彼此之間稍有距離感的關係，最近距離為 46 公分，剛好適合握手；最遠距離是 122 公分。
- **社交距離**。這個距離適合一種社交或者較正式關係。最近距離 1.2 公尺，通常在工作環境和社交場合中，保持這個距離，最遠距離是 3.7 公尺。
- **公眾距離**。這個距離是公開演講時，聽眾與演講者保持的距離，最近為 3.7 公尺，最遠距離在 7.6 公尺左右。這個距離可以保持有效溝通。

在交流過程中，如果想要給人留下好印象，一定要注意參考以上的距離。注意面對不同的場合、不同的人，選用不同的社交距離，以免引起別人的不適。

有了氣質和魅力，穿什麼都是注目焦點

你是不是每天都在為考慮穿什麼衣服苦惱不已？是不是經常打開衣櫃，面對各種各樣的衣服開始費盡心思地搭配？雖然穿衣搭配在人們生活中佔有一定的位置，但如果過度把時間花費在這個上面，就有些本末倒置了。墨菲定律認為：**凡是將穿著打扮放在生活首位的人，他們的價值比不上衣服本身。**

心理學中有一個概念叫作「決策疲勞」，認為人如果需要做很多不相關的決定，大腦就會疲勞，影響工作效率。簡單來說，就是每天為了吃什麼、穿什麼而困惑的人，工作效率也會十分低下。這個理論正好與墨菲定律不謀而合。其實，真正有氣質的人，穿什麼都會好看。

獨特的魅力，指的是在思想、性格、品質、情感等諸多方面異於別人的特質。正是因為這樣的特質，讓我們有別於他人，成為這世界上僅有的存在。周圍形形色色的人，每個人都有自己獨特、鮮明的個性。

詹姆斯・高登・季爾基博士曾說：「保持自我本色的問題，像歷史一樣的古老，也像人生一樣的普遍。」有許多人，為了迎合他人不願意保持本色。實質上，這樣的行為是存在

潛在精神和心理問題的。保持自己的個性，在社會的發展中不斷錘鍊個性，能為自己帶來極大的好處。

希拉蕊在緬因高中上學時，成績非常突出，不僅是全班頂尖，還是學校中的「風雲人物」。她曾是班委會、女子體育聯合會、學生會、美國國家高中榮譽生會、文化標準委員會、組織委員會的成員，還擔任過低年級的學生會副主席、班報記者、體操隊長，得過科學獎，參加過演講會、辯論會、春季音樂會及各種雜耍表演等。可以這樣說，希拉蕊在學校時，已經算得上是一個讓眾人崇拜的「偶像」了。

但是與希拉蕊在學校的身份形成鮮明對比的就是她的穿著。她穿著守舊，從不和其他女孩子一樣注重打扮，化妝和髮型對她來說顯得無關緊要；她不打耳洞，不在浴室吸煙，也不和男孩們嬉戲遊玩。她根本就不在乎別人如何看待她。

她沒有浪費時間去和異性交往，她對此也壓根兒沒有興趣，有人甚至因此嘲諷她像個修女。但她對這樣的評論不屑一顧，既不去辯解，也不去理會。她用她的特立獨行詮釋什麼叫作「女王風範」。

女王風範就是告訴我們，人活著應當堅持自己的道路，不要為別人動搖改變自己的人生軌跡。當社會中許多人都在競相模仿名人偉人的一舉一動，沒有理由地追求時尚和流行，以期像名人偉人一樣能夠名揚四海，吸引眾人的目光，結果在模仿中失去人性最美麗、最真實的一面。

　　服裝反映一種社會心態，是人們社會生活的第一外在表現。當你有自信，有個性、有氣場，就會發現穿什麼都不妨礙你的魅力的散發。正是因為如此，很多成功人士並不會在如何打扮自己上花太多的時間，在他們看來，穿什麼並不會自跌身價，因此他們經常會穿同一色系或者是比較好搭配的衣服。

　　有人觀察發現美國前總統歐巴馬，經常穿藍色或灰色的西裝。曾經有一家雜誌社對此詢問總統。他的解釋是：「你們看到我只穿灰色或者藍色的西裝，那是因為我努力將選擇降低。我並不想在吃什麼或者穿什麼花費時間做決定。因為有太多其他的決定需要我來做。」這家雜誌社的記者最後總結說：「歐巴馬將衣服的搭配簡單化，可以讓他將更多的時間放在重要的事情上，可以讓他在任何場合都充滿自信，幫助他做出影響國民未來的決定。」

　　除了歐巴馬，像賈伯斯、馬克‧祖克柏等這些人，都穿著十分簡單，而且經常穿同色系的衣服。

或許，我們根本不需要太多樣式的衣服，因為我們不是模特兒，不需要每天為展示衣服而苦惱。不過可惜的是，並沒有多少人意識到這一點，也沒有意識到改變這一切其實十分簡單。

　　由於對物質的癡迷，大多數人都沉浸在物質帶給我們生活的價值上，其實說到底，物質給生活帶來的價值並不如人們所想像的那般重要。也許買一件新衣服會讓你在短時間之內感到自信，但是卻無法做到讓你永遠感到自信。要想讓自己看起來有氣質，就要有「穿什麼都好看」的自信，只有這樣從內在改變，才能真正活出自己的風采。

害怕年紀曝光，卻總有人問你貴庚

　　女人的年齡和男人的薪資一樣，似乎都是一個讓人忌諱的話題，因此大多數女人對自己的年齡避而不談。但是有些不懂事的人，卻總是喜歡探詢女人的年齡，好像得知女人的年齡是多麼偉大的一件成就。而對很多女性來說，隨著年紀的增長，這個問題就變成觸動神經的敏感問題。但**她們越是害怕被人問年紀，人們卻越好奇她們的真實年紀**，彷彿掉進

了墨菲定律的迴圈一樣。

其實，女性朋友們大可不必在這個問題上有所忌諱，真正自信、有氣場的女性，無論在什麼樣的年紀，都具有無與倫比的吸引力。有氣場的女性深知，年齡是用來活的，不是給自己的人生劃定界限的。

2009年的倫敦時裝周，迪奧秀場，一位銀髮模特兒在一群花樣年華的女孩中間獨領風騷。她就是有著「世紀超模」美譽的達芙妮‧賽爾芙（Daphne Selfe）。當年79歲的她，身姿挺拔，步態優雅，一派女王風範。2011年2月的中國版Vogues的特別企劃「愛上每個年齡的自己」又請來已經年過80的達芙妮拍攝主題照。滿頭銀髮和深深的皺紋，在黑白照片中衝擊力十足，讓人覺得這是自己所能想像到的80歲女人最美的樣子。達芙妮說，自己從來不去染髮，也永遠不會去做整形手術。她現在的出場費是每場3000英鎊，D&G以找到她拍攝沙龍照為榮。但她從來沒有忘記自己是誰，她認真地完成每一次走秀，每一次拍照，「只要家裡的電話鈴聲還會響起」。當記者問到如何保持美麗的時候，達芙妮說：「接受你自己，親愛的，接受你的樣貌，你的年齡，發光的是你的內心。」

瑪格麗特・莒哈絲（Marguerite Duras）在《情人》中這樣說：「我始終認識您。大家都說您年輕的時候很漂亮，而我是想告訴您，依我看來，您現在比年輕的時候更漂亮，您從前那張少女的面孔遠不如今天這副被毀壞的容顏更使我喜歡。」

　　氣場與年齡無關，不會因為年齡大小而產生變化，但是它卻會跟隨著歲月一路積累下來，豐富的經歷和內心世界會將它淬鍊得更為獨特。氣場是我們身上無形的精神符號，能讓人們感受到氣場所有者的狀態。或健康積極，或陽剛有力，抑或消極頹廢……如果擁有強大的內心，那麼你的氣場必定是積極的、向上的、給人力量的。

　　一個真正的氣場女王，一定是一個不受年齡限制的女人。也許每天她還是會坐在梳妝台前花半個小時化妝，但那並不是為了掩蓋自己日漸衰老的容顏，而是為了取悅自己；也許她還是會偶爾一身卡哇伊的裝扮，但是她知道成熟優雅的造型更能襯托出自己的韻味；她也許依舊懷念年輕時候的青澀歲月，但是她卻不會因為眼角的魚尾紋而沮喪，因為她知道那是歲月的饋贈，每一條魚尾紋裡，都深藏著一個屬於自己的故事。

　　一個成熟的女王，她會接受自己的年齡，同時，也會忘記自己的年齡，做真正的女王，即便當自己一天一天老去時，

依然是一個永遠年輕的女王。不要在意自己年齡的變化,用心去生活,無論別人怎麼做,你都會快快樂樂,不用壓抑去包容,不用費盡心思忍讓或求一個結果,想快樂就快樂。只要你快樂,生活在你周圍的人就快樂。

03 那不想要的壞習慣，每天總在重複上演

你認為時間還很多，時間卻從來不等你

如果一場電影你遲到 5 分鐘，那麼你將會錯過十分精彩的開場白；寒冷的冬天你睡在溫暖的被窩裡遲遲不想起床的時候，那些成功人士正坐在電腦旁兢兢業業地工作；你已安排好今天的行程，朋友卻打電話來邀你逛街喝咖啡；你明知今日事今日做，卻抵不過誘惑想著明天再做。你拖延越久，就會延誤越久。當你拖延的時候，時間並沒有因為你而停下它忙碌的腳步。「明日復明日，明日何其多」，人的一生中又能夠有多少個明日呢？所以，在時間面前千萬要守時，它可不會耐著性子等。

你知道現在是幾點嗎？此時可不是你逛街喝下午茶的時間，而是你手頭工作的最後期限。我們很容易被自己主觀上的時間所欺騙，它不是手錶上的時間，而是我們此時此刻正在拖延的時間。

從哲學家和科學家的角度，我們可以將時間看成是主觀時間與客觀時間，但是他們並沒有就時間的本質達成過一致的意見。

關於時間，亞里斯多德就有一個著名的「倒樹疑問」：如果有一天在森林裡面倒了一棵樹，這時旁邊一個人也沒有，那麼這棵樹會發出響聲嗎？亞里斯多德提出這個著名的問題就如同他對時間的理解一樣沒有準確答案。他有的時候在想：如果對於時間我們不去用那些數字加以計量，那麼時間還存在嗎？但是科學家牛頓則相信時間是絕對的，不管有沒有用數字去加以計量，它無時無刻都存在著。康德也表示，雖然我們不能直接認知時間，但是我們可以透過經驗得到它。而愛因斯坦卻認為過去、現在和未來全都是幻覺。這就是發生在科學家與哲學家之間，關於時間問題的一場辯論。而在這場曠日持久的辯論中，要想得到一個具體的答案，將會是一個非常漫長的過程。

對於愛因斯坦提出的「時間是幻覺」這種概念，拖延者往往喜歡這種說法。因為他們常常喜歡在事情一開始的時候

不急不徐,當事情拖延到最後期限,面臨沒有辦法再拖延的時候,才感覺時間流逝。然而,不管時間是不是幻覺,我們始終都無法去阻止或者改變時間前行的腳步,最後的期限最終還是會如期而至。墨菲定律也提出過:**「只要還有時間,任務就會自動膨脹,直到用完所有的時間」**。

英國一所學校裡,學生們正在操場上活動,有的打籃球,有的踢足球,有的在跑步,各種各樣的體育運動都在緊鑼密鼓地進行著。可是,有一個叫萊西的小女孩卻坐在離操場很遠的一棵樹底下,專心地讀書。

一打聽才知道萊西以前很貪玩,學習成績一直不好,老師說她智商太低,永遠不會有出息。同學們說她是一個笨傢伙,就連她最要好的朋友傑米也與她絕交,不再和她來往。回到家裡更讓她失望,父母都認為她讀書根本沒用,不但不進行輔導,母親還讓她幫著做家務。更可惡的是她的父親,每天都語帶威脅說:「如果你的學習成績三個月後還不提高,我就把你介紹到一家紡織廠去做工。」

同學的冷眼、父親的責備,萊西終於醒悟了,她沒有想到一個學習成績不好的孩子會是這樣的。她下定決心,一定要盡力把落後的功課補上來。

於是她一改往常的習慣，不再貪玩了。一天，母親出去買菜，讓她看好院裡晾曬的衣服，可她偏偏為了一道數學題弄得不可開交，一時間忘了母親的囑咐，等母親買菜回來，衣服早被鄰居家的一隻小花狗給叼跑了。為此，母親狠狠地打了她一頓。

　　晚上，同學們都早入睡了，她還趴在床上學習。就這樣，萊西沒日沒夜地學習，熬得眼圈發黑，身體漸漸消瘦，可是她的學習成績在原來基礎上提高了一大截。到期末考試時，終於以全校第一的好成績，贏來同學們的笑臉和父母的誇獎。

　　萊西的故事告訴我們：時間能送給你寶貴的禮物，它能使你變得更聰明，更美好，更成熟。不怕時間不等人，就怕你不知怎樣去利用時間。

　　利用時間要堅持不懈，持之以恆，你不能因一時的成功就把時間丟在一邊，不去重視它。讓時間時時刻刻留在你心中，這樣你才能成為一個真正的高效人士。

　　其實對於時間的流逝我們每個人都會有不同的感受，而每個人對待時間的態度也大不相同。忙碌的人會埋怨時間走得太快，無聊的人則覺得時間過得太慢，以至於找不到什麼

事情打發這無聊的時間。這就是每個人的「主觀時間」，它是鐘錶之外的時間體驗。

如何將我們的主觀時間與具有不可動搖性的鐘錶時間完美地結合在一起。這是我們面臨的重大課題，一個對於時間觀念要求比較嚴格的人往往比較偏重於客觀時間。而拖延者往往沉溺於主觀時間而丟掉鐘錶時間，久而久之也就不願意回到客觀時間，最終手上的工作將會越積越多，拖得時間越長就越來不及完成。目前我們需要做的就是把自己的主觀時間與時鐘的客觀時間結合在一起，只有這樣我們才能夠在沉溺於某件事情的同時，明白什麼時候應該抽身離開，不會在妥協中失去誠信。

大多數的拖延者都會面臨這樣的問題：即使自己的主觀時間與客觀時間產生衝突時，也不願意承認兩者之間有著極大的差異。即使現在已經是下午了，但是在他們看來離下班的時間還有好幾個小時，不必急急忙忙地趕工作。久而久之，這種拖延變成習慣，當一件事情待處理時往往會懷有僥倖心理，單純地認為不到最後一刻就還有機會完成。所以在事情還沒有完成之前，他們絲毫不會為時鐘的轉動而感到著急。這時，時鐘對於他們來說只不過是一個擺設而已，根本不會為現在幾點而著急，因為一直以為離最後的期限還早呢！

我們每個人對時間都有自己獨特的理解，都有一套屬於

自己的時間觀念。時間觀念不同會導致行為習慣也不相同，這樣一來就很容易產生矛盾。女孩可能會這樣質問她的男友：「為什麼每次看球賽的時候總是非常準時，但是和我看電影的時候就總是遲到？」她的男友也許會這樣回答：「電影在沒有開始之前你就到了，而我到的時候電影剛好開始，我這怎麼算是遲到呢？」這就是每個人的時間觀念不同而引發的矛盾。

不同時間觀念的人很容易在時間問題上發生衝突。例如，和朋友一起商量明天爬山出發的時間，有的人覺得提前半小時動身，以免在路上遇到塞車；而有的人就會認為還是一點比較好，這樣反而可以避開交通壅塞期。於是一場關於何時爬山的討論開始了，還可能會為此事爭得面紅耳赤，這就是因為每個人對時間的體驗不同。

性子非常急的人接受拖延者的時間觀念肯定是一件非常困難的事情，因為這兩類人的鐘錶時間相差太大。而我們需要做的就是讓兩者的距離縮小，能夠理解彼此在時間觀念上的不同，並以此達成某種妥協，儘量讓兩個時鐘走在同一個時間點上。

津巴多（Philip George Zimbardo）美國心理學家、社會學家，他對人們時間感知的差異性研究，得出以下結論：大多數人對於時間的感知都是透過過去、現在和未來不同座標

來定位的。但是如果有人太偏重於用某一個時間座標來感知時間，那麼他的世界觀必然會受到局限。一個人如果可以在三種不同的時間座標參照中保持平衡，那麼這樣的人也自然會充分地享受生活，適應社會發展的步伐。

所以，我們不能站在一個時間的參照點上理解時間，要從不同視角去思考，就如同透過玻璃看水面上的一個點會呈現出不同的效果。將眼睛放在水面、杯子兩點連成的一條平面直線上觀察目標。對於時間也是如此，要想正確把握時間，就要拋開拖延時鐘，也不要急於追趕時間，而是要參照過去、現在和未來，正確地定位時間，這樣才能把握好時間，不做時間的拖延者。

越是簡單的事情，越是容易出錯

很多時候，人們都習慣將精力放在那些看起來處理比較困難的事情上，卻對那些簡單的工作不屑一顧，甚至頗為鄙視。可是到頭來，卻發現自己在簡單的事情上栽觔斗。墨菲定律提醒人們：**任何事情都沒有看起來那麼簡單。越是簡單的事情就越容易出錯**。

從心理學的角度來看，人們對複雜的事情具有敏感性，會提高警覺，不讓自己在這個過程中犯錯。而簡單的事情則

容易讓人們降低警惕性，因此就容易出錯。簡單的事情看起來不起眼，卻往往是影響大局的關鍵。很多人並沒有注意到這一點，本能地忽略這種簡單工作的重要性。

隨著現在企業分工越來越細分，每一個人所負責的工作都相當於一個重要的環節，一旦這個環節壞掉，極有可能會影響大局。畢竟能夠決定大事的高階管理者只是少數，絕大多數員工所從事的都是極為簡單、繁瑣且不起眼的小事。如果忽略自己所處理的小事，可能會引起災難。即便並未引發災難，在主管看來，你連這點小事都辦不好，更不放心將大事交給你處理了。優秀的員工能夠將一件小事處理到極致，讓小事也能引發正面效應，從點滴做起，顯示出非凡能力和無窮魅力。

有一個小公司，行政人事只有三個人，但是每一個員工都一直要求自己認真做好每一件小事，並在工作中表現出很強的團隊精神。

世博會的時候，為開闊員工視野，提供大家一個學習和分享世界優秀成果的良好機會，公司決定，帶領員工集體參觀世博會。行政部主管在會議上傳達公司這一決定，並將這項工作的責任指派給黃維和鄭曉敏。

作為這次活動的主辦者,黃維和鄭曉敏提前兩個星期就開始籌畫和準備。他們為了在眾多路線中選擇一條出遊的最佳路線,事先去探查交通路線,並於下車後徒步走到世博園區最近的入口,仔細記錄進入園區的路線。為了在短短的一天遊覽時間內,讓同事們能有最大收穫,他們透過網路搜尋本屆世博會的精彩看點,還在園區入口處耐心聽取工作人員的建議,最後向公司推薦一條堪稱經典的遊園指引。由於遊園時間正值炎熱的夏天,為了防止員工中暑,提前採購防暑降溫用品。

　　遊園時間實際只有一天,但籌備工作卻是細小、瑣碎而且耗時的。但他倆沒有任何怨言,目的就是為了使公司的所有員工能夠開開心心地享受世博會。黃維和鄭曉敏雖然做的都是小事,但就是在完成一件件小事的過程中,享受快樂。

　　黃維和鄭曉敏並沒有認為事小而忽視責任,而是非常認真地做好參觀世博會的每件小事,這種認真負責的精神值得每一名員工學習。

日本東京一家貿易公司與德國一家大公司進行商務交流。東京這家公司負責接待的小姐為德國的商務經理準備來往東京、大阪之間的新幹線車票。不久，這位德國經理發現：自己前往大阪的時候，他的座位都是靠右車窗；而返回東京則總是靠左車窗。經理向這位負責人詢問其中的緣由，小姐笑著回答說：「前往大阪的時候，富士山位於您的右側，而返回東京的時候，富士山則在您的左側。我覺得，每個外國人都希望能夠欣賞到富士山的美麗景色，所以我為您買了不同位置的車票。」

　　這並不是一件多麼大的事，看起來也很簡單，但能夠注意到和做到的人卻很少。日本接待人的這個舉動，讓德國經理備受感動，促使他與日本公司貿易額從 400 萬馬克提升到 1200 萬馬克。

　　不要瞧不起看似簡單的小事，因為小事做好便能夠成就大事。當然，小事做不好也可能引發災難。看起來簡單的小事其實都不簡單，認真去做，遲早將得到回報。

　　在職場，我們要時刻告訴自己，再熟悉的工作，再簡單的工作，都不可掉以輕心。

你犯過的錯誤，為什麼下一次還是會犯

在日常生活中，是否有過這樣的事情。當你犯過一次錯誤後，發誓下次不犯這麼愚蠢的錯誤。可沒過多久，你又會犯相同的錯誤。這就正如墨菲定律所說的那樣：**當你決定不再做某事時，你會在不知不覺當中又去做。**

這是一個很困擾人的墨菲定律陷阱，那麼，有沒有辦法逃出這個陷阱呢？方法肯定是有的，那就是學會每日自省。

古人告訴過我們，「一日三省吾身」是君子每日修身養德必做的功課。它告誡人們要時常自省，時時反省。只可惜，在這個物慾膨脹的時代，能做到的人寥寥無幾。我們對別人和外部的世界總是太過關注，卻往往忽略對自我的認知。發現自我以外的缺憾並不困難，難的是找到自己身上的毛病。唯有自省，才能使人深刻意識到自己的錯誤和不足，使人迷途知返，不再重蹈覆轍，找到人生正確的方向。

前些年，木製的手環在中國銷路很好，於是一些人便鋌而走險走私木材。訂金交了，該疏通的關係也都打理好了，卻被當地警方逮捕，木料最終還是沒運回來，落個財物兩空的下場。

這些人被釋放回中國以後便整天抱怨，說那個國家的商人不講誠信，員警像強盜等。他們把別人數落一遍，唯獨沒

有反省自己的問題。為了賺錢，到本來就危險的環境去做一些違法勾當，最後不僅賠了錢財，還鋃鐺入獄，這實在怪不著別人。網路有句話「不作死就不會死」，說的就是這個道理。

對別人再微小的瑕疵，也總能明察秋毫；對自己顯而易見的不足和缺點，卻總是視而不見。不懂得自省的人，永遠渾渾噩噩地生活，整天只知道抱怨別人的種種不好，卻不肯虛心反省自我；不懂得反省的人，總是在同一個問題上反覆犯錯，總在同一個坑裡來回栽觔斗。

在美國，有一位牧師，主持過很多新人的婚禮。他外表看上去非常和藹可親，可對自己的兒子卻非常嚴厲，經常因為一點小事教訓兒子。父子倆經常吵得面紅耳赤。

在一次激烈爭吵之後，兒子選擇離家出走。焦急的牧師找到一位教育學者，訴說自己的苦衷。學者還沒開口，牧師就憤怒地細數兒子的種種不是：總和父母頂撞、晚上很晚回家、背地裡偷偷飲酒、棒球比賽時打傷了同學等。話沒說完，牧師就流下了眼淚——他擔心兒子現在的安危，更不知道兒子為什麼那麼叫人操心。

學者聽了他的抱怨，語重心長地說：「您每天都在指責著兒子的不是，讓他覺得自己就是一個無法變好的孩子，自己永遠得不到父親的欣賞和喜愛。兒子變成今天的樣子，您有沒有想過自己該負怎樣的責任？您每天都在為別人祈福，為什麼不能對自己的兒子多一些寬容和讚美呢？」

　　學者的話讓牧師恍然大悟。作為一名父親，他的確非常失職。他一直在埋怨孩子，竟然沒想到很多問題其實都出在自己身上。

　　自省可以引發我們對過往經歷，特別是經歷失敗的反思。在反思過程中，可以總結失敗的教訓，讓自己的心靈得到救贖。自省就像是電腦裡的防毒軟體，可以把內心中所有病毒都掃描出來，並啟發我們找到消滅病毒的最佳方式。隨著我們內心愈乾淨和清澈，生活也會隨之變得舒心起來。如果牧師能夠多一些自省，或許兒子就不會離家出走，他也就不會那樣悔恨和懊惱。

　　一旦具備自省的能力，便可以控制自己的慾望和衝動，駕馭自己的思緒和心情。因為自省會讓人體會到一種來自內心深處的無窮力量，會讓人在應對各種挫折和挑戰時表現出

一種連自己都無法相信的潛力。不僅如此，我們還可以透過自省這面鏡子，客觀真實地認識自我，獲得真正的智慧。

美國著名投資公司GMO在剛剛起步時，公司投資人傑瑞米為公司招聘新人，其中一位入職新人叫傑瑞塔。傑瑞塔看上去非常普通，所有人都不對他抱希望。可三個月過去之後，傑瑞塔的銷售業績卻名列前茅，這讓傑瑞米非常意外。

原來，傑瑞塔自上大學就有「照鏡子」的習慣，並把這個習慣一直堅持下來了。他每天都會給自己制訂各種計畫，晚上回家時便對著鏡子自言自語，回顧這一天以來計畫完成的情況，哪些做得好，哪些做得不好。日積月累下來，傑瑞塔對自己的專長和不善長都能了然於胸，並能在實際工作中揚長避短。所以，他才會取得如此驕人的銷售業績。

興奮的傑瑞米決定讓傑瑞塔為全公司的銷售人員演講，題目就是「照鏡子的哲學」。後來，傑瑞塔成為公司銷售總監，在全球各地都有他們的業務夥伴。

「照鏡子」就是一種自省。人貴有自知之明，這個世界

上最難解的謎題其實就是我們自己。透過自省,透過對自己的剖析,能夠幫助我們揮除身上的灰塵,幫助我們找到解開謎題的鑰匙,在黑暗中找到有光明的方向。學會自省,讓我們擁有超越自我的力量,成為生活的智者。

蘇聯大文豪高爾基(Maxim Gorky)說:「反省是一面鏡子,它可以照見心靈上的污點。」人需要自省,因為每個人難免都有不足和缺點,透過自省能夠讓我們不斷進步日趨完善,也能夠讓我們行駛在正確的航道上而不至於迷失方向。

習慣會麻痺神經,讓你永遠看不清真相

傳說很久以前,有一位年輕人聽說遙遠的地方有塊「不老石」,於是他長途跋涉,費盡千辛萬苦,終於來到海邊。為了把檢查過的石頭和未檢查的石頭區分開,他把檢查過的、不是「不老石」的那些石頭都扔進了大海。日復一日,年復一年,他已經變成了白髮蒼蒼的老人,可他仍在重複著做同樣的事:撿起一塊石頭,看一眼又扔掉。終於有一天,當他發現傳說

中的不老石時,他的手已經不聽使喚了,習慣性地把「不老石」也扔進了大海裡。

這個故事告訴我們一個道理:**習慣會麻痺人的神經,使人看不清事情的真相,當人們回過神來時,本來唾手可得的成功卻因為自己的視而不見而與自己擦身而過**。這和墨菲定律說的不謀而合。

說起來,很多人或許不會相信,一根細細的鐵鍊便可以拴住一頭千斤重的大象,而這看似不可思議的事情卻在泰國和印度隨處可見。原來,馴象人在大象還是小象的時候,就用一條鐵鍊將它拴在水泥柱或是鋼柱上,無論小象怎樣掙扎都無法掙脫。漸漸地,小象已經習慣不掙扎,直到長成大象,可以輕易地掙脫鏈子時,它們也不會再去掙扎了。

小象是被實實在在的鐵鍊拴著,而大象則是被習慣綁住的。很多時候,無形的習慣比有形的束縛力量來得更大,更可怕。

一位動物心理學家曾做過著名的實驗——跳蚤實驗,這個實驗足以證明習慣的力量。我們都知道,跳

蚤可是動物界的跳高冠軍，它縱身一跳的高度可以達到自己身高的400倍以上，所以要想抓住它可不是一件容易的事。

實驗者將一隻跳蚤放進一個容器裡，容器的高度剛好是跳蚤能夠達到的高度。為了不讓跳蚤跑出來，實驗者在上面放了一塊玻璃擋著。

第一天，跳蚤非常活躍，一次又一次地撞擊著玻璃，十足的不達目的不甘休的架勢。但是，無論它如何努力，始終無法突破玻璃的阻礙。不過，它並沒有放棄，休息一會兒後，它又向玻璃發起猛烈的攻擊。

幾天後，實驗者觀察到跳蚤明顯不如前幾天活躍，看起來似乎有些懶惰和氣餒了。又過了一段時間，實驗者發現，跳蚤已經放棄努力，整天得過且過地待在容器底部。這時實驗者將玻璃抽掉，原以為跳蚤會一躍而出，出乎意料的是，跳蚤渾然不覺，也未見有任何行動——看來，它已經習慣這樣的生活。

接著，實驗者將另一隻跳蚤放進一個容器裡，容器的高度略高過跳蚤的跳躍高度，這次上面沒加玻璃蓋子。實驗者觀察到跳蚤每天都會樂此不疲地往上跳，雖然跳不出去，但它仍把這當作每天的必修課。

跳蚤還能跳出這個高度嗎？實驗者對這個問題又

有興趣了。於是，他拿著一盞化學實驗用的酒精燈在玻璃杯下燃燒加熱。不一會兒，跳蚤就熱得受不了，於是奮力一跳，一下就跳出容器，又恢復往日跳高冠軍的風采。

可見，習慣雖小，卻影響深遠。動物如此，何況人呢？很多時候，我們就像跳蚤一樣，剛開始總是自信滿滿、全力以赴，可是在連續地遭遇碰壁後，會逐漸放棄努力，變得越來越懶惰和安於現狀。

很多時候，成功並不是那麼遙不可及，它或許只是隔著一層「玻璃板」，或者只是需要一塊墊腳石，抑或一種外在的激勵，就可以實現。當成功已經唾手可得時，人們就不願意再付出努力，因為他們認定再怎麼努力也是徒勞，已經給自己加上了各種限制，這才是導致失敗的真正原因。

所以，當我們抱怨自己懷才不遇時，不妨想想，到底是親友、職場、社會在牽絆、阻礙自己走向成功，還是自己不願意改變或者改變不了某些習慣。比如說個性上過於自以為是、清高孤傲；辦事時拖拖拉拉，效率太低；抑或是為人處世固執保守，不夠圓潤⋯⋯

有一句俗話說得好：「貧窮是一種習慣，富有也是一種

習慣；失敗也是一種習慣，成功也是一種習慣。」人的貧窮富貴和成功與否都與習慣有著莫大的關係。如果你不想再忍受一貧如洗的生活，那麼，就要試著改變一下你的思維和行為習慣；如果你不甘於失敗，那麼首先就要找到導致你失敗的因素，並加以改正。總之，多從自己的習慣上尋找原因，才能充分地認識到自己的優缺點，在生活和工作中揚長避短，才能儘早實現成功的願望。

04 在情緒裡做的決定，往往是最讓你後悔的

生氣後做的事情，只會更糟

搞笑武俠劇《武林外傳》中郭芙蓉有一句經典的台詞，即「世界如此美妙，我卻如此暴躁，這樣不好，不好」。郭芙蓉最終戰勝自己，克制火爆脾氣，贏得自己的人生，欣賞到世界的美景。

不動怒，便可收穫很多。然而，在這個大千世界，誰都不可能避免動怒，遇到挫敗、受到屈辱、與他人發生矛盾，都會產生怒氣。只是，如果一昧地讓怒氣爆發，發洩自己的衝動，結局會是怎樣的呢？墨菲定律告訴我們：**生氣只會讓事情更糟，並不能挽回什麼。**

生氣是一種極其不理智的行為，卻是生活中極其普遍的現象。很多時候，我們容易因為一點點不足掛齒的小事，就生出非常大的氣，尤其是與自己親密的人。生氣事小，卻是一件浪費時間的事。大多時候，當你生完氣冷靜下來，就會

感到後悔。可你拉不下面子主動向對方認錯示好，只能等待對方給自己一個臺階下，寶貴的時間便浪費在此。

少生一點氣，不僅能夠節省時間，更有利於彼此間的交流。如果避免不了生氣，那就要學會消氣，控制自己的情緒，而不讓自己像充滿氣的氣球一樣，隨時可能「粉身碎骨」。

脾氣不好的人不易做好一件事，李紹剛便是如此。或許是因為家人太過縱容，李紹剛從小便養成了火爆脾氣。但凡遇到不順心或不滿意的事，便怒火中燒，對周圍人亂發脾氣，動口動手。當他多次因壞脾氣而闖禍後，父母意識到事情的嚴重性，試圖改變他易怒性格，卻沒有太多效果。

隨著年齡增長，李紹剛的脾氣並未緩和，反而越發暴戾。一旦惹惱李紹剛，無論有意還是無意，他都會做出劇烈的反應，要麼大罵一場，要麼直接動手打架。如果他人膽敢嘲笑他或指點、批評，便會暴跳如雷，不把對方打至重傷不甘休。當然李紹剛也因付出嚴重的代價，然而他並未因此而有所反省。知曉李紹剛暴躁性格的人，都會對他避而遠之，唯恐一不小心而惹怒他。

因工作需要，李紹剛需要考取駕照。他從小便無

法接受別人對他的批評，在練車過程中犯錯時，面對教練嚴厲的多次批評，一開始還能忍著聽教練的斥責，次數多了，便直接跟教練槓上。李紹剛一犯錯，教練語氣不無責備，李紹剛更是大聲反駁，甚至回罵。事後，為了拿到駕照，氣消的李紹剛不得不向教練道歉。只是，與教練對罵的次數多了，他不肯再向教練道歉，教練也不肯再教他了。駕訓班負責人對兩人進行調解，卻沒能解決問題。不得已為李紹剛換了一個教練。由於李紹剛一點就著的臭脾氣，練車的過程同樣不順利。一次李紹剛與新教練發生口角，一氣之下，動手揍了新教練。新教練受傷住院，醫藥費由李紹剛賠償。最終駕訓班把李紹剛所交的考駕照費用退還，不願再教李紹剛考照。

李紹剛考取駕照的目標落空，並與教練發生嚴重衝突，原因可能有很多，但根源是他的火爆脾氣。如果他能收斂自己的壞脾氣，考取駕照之事便不會如此糟糕，以失敗收場。克雷洛夫（Krylov）說過，「壞事情一學會，早年沾染的惡習，從此就會在所有的行為和舉動中顯現出來，不論是說話或行動上的毛病，三歲至老，六十不改。」成年後的李紹剛

沒能改變自己的脾氣,終究後果自負。

可見,從小形成的火爆脾氣,如果不加以改變與克制,便會使往後的人生埋下禍患伏筆。

在生活中,即使遭遇不公或羞辱,你可以生氣,但要能夠控制自己的情緒,讓自己冷靜下來,繼而思考生氣會造成的可能後果。憤怒會使一個人的自制力降為零,極易做出無法挽回的事情來,因此冷靜處理問題,待恢復理智後再處理,減少犯錯的可能。

在成長的過程中學會修養身心,讓自己的心裡能夠容得下自己與他人,盡量去包容自己或是他人的過錯,而非讓一時氣急傷了彼此。要做一個心胸開闊的人,減少憤怒的負面作用。

微弱的壞情緒,最終也可能釀成大禍

「一隻蝴蝶在巴西拍動翅膀,導致一個月後德克薩斯的龍捲風。」這就是混沌學中著名的「蝴蝶效應」。情緒中的「蝴蝶效應」則是不注意微小的不良情緒,很可能釀成大禍。

每個人都可以是巴西的蝴蝶。丈夫責怪妻子,妻子把怒

氣撒在孩子身上，孩子在如此環境下長大，性格變得怪異，反過來抱怨父母；上司責罰經理，經理責罵員工，敢怒不敢言的員工把氣轉移到顧客身上，顧客投訴，影響公司聲譽。在我們身邊，隨時隨地都上演著一幕幕「蝴蝶效應」。

鄰里關係雖然與家庭幸福沒有直接關聯，卻可以達到錦上添花的作用。

張曉剛住的社區對面最近新搬來一戶人家。張曉剛住在這裡已有三四年，為了表示歡迎，他主動到鄰居家去串門，鄰居也表現得很熱情，之後兩家偶爾有走動。

漸漸地，張曉剛開始對鄰居產生不滿。他與對面人家共用一個樓梯間，在對面尚未搬進來時，樓梯間是空曠的，人進進出出也方便。可是鄰居習慣把垃圾放到樓梯間，有時留存一兩天才被扔掉，一些生活垃圾甚至散發出異味。

即使垃圾集中室離房子有一定的距離，也應該及時把垃圾處理掉，以免招來蚊子或是其他害蟲。張曉剛覺得這是個人常識，每個人都應該懂得。他想也許是鄰居剛搬來不久，家裡事情太多，忙不過來。可是一個月、兩個月⋯⋯直到夏天來了，鄰居仍然照舊。

張曉剛假裝無意間對鄰居提起樓梯不能堆放垃圾，鄰居當時也贊同他的說法，可是事後仍不見鄰居的行為有所改變。張曉剛有些不能忍了，準備直接去鄰居家理論，家人認為不妥，擔心與鄰居產生矛盾，到時就不好相處了。與家人商量後，決定請求物業人員協助。

　　在物業人員找上鄰居家後，確實聽取建議，每天及時處理垃圾。只是維持習慣不易，鄰居又開始把垃圾留放在樓梯間。炎炎夏日的高溫作用下，垃圾散發著惡臭味。

　　張曉剛強忍著怒氣，敲開鄰居家的門，直接對鄰居說垃圾不能放在樓梯間。鄰居答應了，語氣卻有一絲不耐煩。之後鄰居確實改善堆放垃圾習慣。

　　儘管兩家的關係僵化，然而能恢復樓梯間的乾淨整潔，張曉剛還是很高興的。

　　張曉剛每天騎摩托車上下班，因為沒有買車位，摩托車就停在家裡。一天當他下班回家時，發現走道停了一輛三輪車。張曉剛認得這輛三輪車，是鄰居的。本就不寬敞的走道因為三輪車的停放而變得更加擁擠，張曉剛嘗試把自己的摩托車直接騎進去，嘗試很多次，還是不可行。只得下車先把鄰居的三輪車推出走道，然後再把摩托車騎進家裡，最後又把三輪車推

回走道。

　　如果是幾次張曉剛還能忍,可是接連兩三個星期,鄰居的三輪車還放在走道間。一天,張曉剛索性把三輪車推到走道外面,不推回來了。

　　當晚下了一場大雨,第二天一大早,鄰居敲了張曉剛家的門。三輪車不見了,說是在晚上被偷了。面對鄰居的責罵索賠,張曉剛終究沒能忍住,與鄰居大打出手,結果雙方都傷得很重。

　　在網路發達的今天,一些類似的事故屢見不鮮。因一句話而動手傷人最後受到法律制裁,因一時好奇染上毒癮最終家破人亡,雖然常見卻仍舊讓人心驚。「因為掉了一顆釘子就掉了一個馬蹄鐵,丟了一隻馬蹄鐵就毀了一匹戰馬,毀了一匹戰馬,就輸了一場戰爭。輸了一場戰爭,就丟了一座城池,丟了一座城池,就輸了一個國家」。情緒的相互傳遞與相互影響,同樣可以掀起一場風暴,導致或輕或重的心理疾病。重視自己的情緒,及時排解不良情緒,遠離情緒風暴,要注意以下幾點。

　　首先,有意識保持友好的鄰里關係。鄰里關係是一種特殊的存在,俗話說遠親不如近鄰,足見鄰居的重要性。處理

好鄰里關係，在平常有需要時互相借個東西，遇到急事時互相幫個忙，生活會方便很多。

其次，要保持良好的衛生習慣。保持良好的衛生習慣，特別是在公共空間，如走廊樓梯，不堆放雜物，不囤放垃圾。如果碰到放垃圾的鄰居，你可悄悄把它放到垃圾箱，以自己的實際行動來「說服」鄰居。

在人際交往中相互尊重與諒解。相互尊重與理解是人與人交往的基本原則，也適用於鄰里之間。距離近會拉近彼此間的距離，同時產生摩擦的機率也會更大，這就需要彼此更多的諒解。

最後，要就事論事，用行動說服鄰居。學會微笑，熱情回應鄰居的打招呼。當鄰居的言行讓自己不滿時，克制自己，不要衝動，以冷靜的方式就事論事，讓對方感受到他的言行確實給你帶來很大的困擾，他就會做出相對應的改善。

維持一段關係極為不易，毀掉一段關係卻很容易。因此注重細節是必不可少的。在理解的基礎上，適時表達自己對鄰居的關心，會為彼此生活增添一味愉悅劑。

抱怨聲一響起，就不會有好結果

　　生活中，我們常常聽到身邊的人抱怨道：「哎！工作太累，天天都有做不完的事，連喘口氣的機會都沒有！」「看看我們公司的人，真不知該說什麼！」「我們家那位只知道掙錢，連結婚紀念日都忘記了。」「我怎麼就生了這麼笨的一個兒子，學習好像從來不用腦子。」……抱怨就像瘟疫一樣在我們周圍蔓延，愈演愈烈。在他們看來，似乎從沒有遇到順心的事，因為抱怨，不僅把自己搞得很煩躁，無形中還耽誤手邊的事。

　　墨菲定律告訴我們：**無論是工作還是做其他事，一旦抱怨產生，就有對抗心理，進而加重事情的難度，再度讓你陷入糟糕的情緒中，於是，事情就會變得越來越糟糕**。無論是正在學習的學生，還是在做事的員工，只要一開始抱怨，就很難快樂，只會感到痛苦。

　　如果你的眼光只關注這些滋生抱怨的事情，很難得到快樂。你之所以抱怨不快樂，那是因為你沒有在工作中挖掘到那些快樂的事情，而只是關注痛苦。

　　快樂不是憑空而來的，需要你去尋找與發現。只有積極發現快樂，才能領略到快樂的美好。

派克市場是美國西雅圖一個非常特殊的地方，之所以這樣說，是因為這裡跟一般的市場有所不同——在市場盡頭的一個魚攤前充滿了快樂。來到這裡的顧客和遊客都一致認為，到此處買魚是一種快樂的享受。

　　原因就在於，這裡的魚販雖然整日被魚腥味包圍，每天都重複繁重的工作，但他們總是將笑容掛在臉上，而且他們個個身手不凡，工作起來就像是馬戲團的演員在表演一樣。儘管海風讓這裡很冷，可是這個魚攤卻讓這裡變得溫暖起來。

　　有一位來自威斯康辛州的遊客選了一條鮭魚，只見魚販淡定地站在原地，抓起魚向後面的櫃檯扔去，並且喊道：「這條魚要飛到威斯康辛州去了。」櫃台後的魚販也露出笑臉，順勢將空中的魚接住，還不忘來一句：「這條魚飛到威斯康辛州了。」話音剛落，這個魚販就將這條魚打包完畢。圍觀的人們見他們整個動作一氣呵成，不禁齊聲歡呼，大家在笑聲中買了魚滿意地離去。

　　這個特殊的景象就是著名的派克市場的「丟魚秀」。跟市場上其他的魚攤相比，它並不出眾，可是為什麼它具有這麼大的魅力呢？

　　有一次，一位記者專程來採訪這裡的魚販，問道：

「你們在這種充滿魚腥味的地方做苦工，為什麼還能保持這麼愉快的心情呢？」

其中一個魚販回答說：「幾年前，這個魚攤處於破產的邊緣，於是大家整天抱怨。後來有人建議說，與其每天抱怨的工作，還不如改善工作的品質。在接下來的工作中，我們發現快樂對於自己和顧客來說都非常重要，於是我們不再抱怨生活的艱難，而是把賣魚當成一種藝術，創造了『丟魚秀』。不管哪一天，只要客人來了，我們都要親切地問候他們，進行表演。就這樣，我們在工作中找到了快樂。」

這種工作氣氛還影響附近的居民，他們經常到這兒來和魚販聊天，感受他們的好心情。後來，甚至有不少企業主管專程跑到這裡來學習既愉快又有活力的工作方式。

所以說，一個人能否快樂完全在於個人的選擇，無論你身處何種環境，無論你的心情糟糕到何種地步，只要在工作中尋找並發現樂趣，就能享受到快樂。

美國石油大王洛克菲勒（Rockefeller）曾說過：「如果你將工作看成一種樂趣，那麼你的人生就是天堂；如果你將

工作當作一種義務,那麼你的人生就是地獄。」

很多時候,我們總在抱怨工作的繁忙和單調,心中充滿煩惱和無奈。其實你不知道,工作總是快樂的,而這種快樂的秘訣,不是做自己喜歡的事,而是「喜歡自己做的事」。工作的快樂其實就在每一個細節之中,需要用樂觀的心態去體會與領受。

曉可大學畢業後,開始四處找工作,嘗試過多種工作之後,她被寶寶網錄取了,成為一名網路編輯。曉可愛好文學,加上又非常喜歡小孩子,所以對這份工作很滿意。在工作中,曉可經常跟準媽媽們交流,並能在活動現場中看到一群可愛的寶寶們。雖然有時候工作需要她加班,可是她沒有半句怨言。還經常對同學提起自己的工作:「我在工作中不僅學到很多育兒知識,而且還結識不少朋友。」

相較之下,在曉可的部門裡,還有幾個「懷揣夢想」的大學生。他們從事網路編輯工作之後,覺得工作十分枯燥,每天都在重複同樣的事情,毫無新意可言。因為理想與現實的差距,他們在心理上無法找到平衡,因此滿肚子牢騷,最後,離開了公司。

微軟公司董事長比爾‧蓋茲說過：「如果只把工作當作一件差事，或者只將目光停留在工作本身，那麼即使是從事你最喜歡的工作，你依然無法持久地擁有對工作的熱情。」一個人對工作沒有熱情，自然不會得到其中的樂趣，只能抱怨這個，抱怨那個。

對待工作，抱怨的心態是不該有的。有一句話說得好：「沒有抱怨，你不一定會成功，但是有抱怨，你一定不會成功。」抱怨是妨礙我們工作順利和事業成功的大毒瘤，必須剷除。

卡內基曾說過這樣的話：「如果我們有快樂的想法，我們就會快樂。如果我們有著淒慘的想法，我們就會淒慘。如果我們有害怕的想法，我們就會害怕。如果我們有不健康的想法，我們就會生病。」很多時候，上帝關閉一扇大門之時，必定會留一扇希望之窗。與其死守著那扇緊閉的大門怨天尤人，不如轉身盡快找到屬於自己的那扇窗。打開窗戶，外面就是一片藍天——遭遇困難和挫折時，沒必要怨天尤人，因為等待你的，可能是一片更寬廣的天地。

用樂觀的心態去勇敢地面對苦難，盡快排除抱怨的情緒，並且積極努力地應對生活，那麼，這樣的人定能遠離抱怨與牢騷，從灰暗走向光明。

所以，時時提醒自己，對工作充滿興趣，發掘工作中的

快樂，而不是關注其中的痛苦，那麼你就能成為一個快樂而不是整天抱怨的人。

你越嫉妒別人過得好，越會發現他過得更好

　　看到他人身居高位顯赫無比時，你不是肯定他人的能力，而是懷疑別人是否有後台；看到他人經商積累財富無數時，你不是讚賞他的魄力與眼光，而是算計著這其中是否有不義之財；看到他人工作舒適悠閒自得時，你不是嚮往他的從容自在，而是在心裡嘲笑他的不思進取。這些不正常的想法，都是嫉妒心在作祟。我們習慣羨慕別人的快樂，總覺得值得自己高興的事太少；習慣嫉妒他人的成就，懷疑自己太過失敗；習慣仰望別人的幸福，總以為不幸只緊隨著自己，於是在自責與後悔中，錯過一次次機會。這種心理就猶如墨菲定律講的那樣：**你嫉妒別人過得比你好時，你會發現，他會過得比你越來越好**。

　　其實，嫉妒是一種病態心理，覺得別人強於自己或在某些方面超過自己就難以接受，進而產生一種摻雜著憎惡與羨慕、憤怒與怨恨、猜疑與失望、自卑與虛榮以及傷心與悲痛

的複雜情感。嫉妒為人性的弱點，每個人或多或少都會有。

心靈狹隘多為嫉妒之人。培根（Francis Bacon）曾說：「在人類的情慾中，嫉妒之情恐怕是最頑強，最持久的了。」

　　小麗和小芸是某戲劇系的大三學生。小麗活潑開朗，小芸性格內向，雖然她們來自不同地區，有著不同的家庭背景，入學不久，兩個人便成了形影不離的好朋友。

　　但感情上的親近並不能消除現實的距離。小麗像一位美麗的公主，處處都比自己強，風頭占盡。對此，小芸心裡很不是滋味，逐漸覺得自己像一隻醜小鴨，有些自卑起來。快畢業時，小麗參加電視臺的舞蹈比賽獲獎，不但在全校鋒芒再現，也有了知名度，很多公司爭相邀請她去拍廣告。

　　小芸得知這消息妒火中燒，想到自己的工作到現在還沒有著落，她抑制不住自己的憤怒，趁小麗不在宿舍時，將她的參賽服裝剪破，還謊稱是老鼠咬的。小麗發現後，萬分痛苦。

小芸表現就源於強烈的嫉妒心理。

嫉妒最初的本質就是地位低的人對地位高的人的怨恨，不能接受別人比自己強。嫉妒是人性的弱點由來已久。只是，在競爭日益激烈的時代，人們的嫉妒心理有了更多的表現形式，也更加令人感到不可思議。有些是公開宣戰，有些是放冷槍暗箭。特別是在職場中，所謂「辦公室政治」（Workplace politics）主要也是由於嫉妒引起的。

為人忠誠可靠、業務能力經得起考驗的老張是公司裡的資深員工，但由於嫉妒心強，多年來一直未能得到上司的重用。看著一些比自己資歷淺、能力也未必在自己之上的人，在職場中平步青雲，老張的心裡頗感憤懣。

讓他最無法容忍的是，同科室的梅梅剛剛畢業，憑著漂亮的臉蛋和一張會說話的小嘴，把主管哄得天天眉開眼笑。既恨主管有眼無珠，更恨梅梅手段高超。他時常在辦公室，背著她說些風涼話：「有什麼了不起，看她都快成主管的『閨蜜』了。」

其實，像梅梅這樣憑著美貌在職場中得寵的並不少見。只是多數人遇上這樣的事情，雖然心裡不滿，也只是睜隻眼閉隻眼，不過分計較。可是，愛嫉妒的人會表現出來，或者直接找上司去評理，或和他看不慣的人互嗆，或悄悄地用手段和自己的「假想敵」勾心鬥角一番。

而且，這種心理不僅表現在對「假想敵」身上，有時還會對「假想敵」身邊的人表現出明顯的攻擊性。

據某媒體報導，一名飯店的員工，居然因為嫉妒他人談話嬉笑而大打出手，結果被逮捕拘留。

該員工在飯店門口與三名女同事一起聊天。可是，一位男人卻搶了他的風頭，與女同事有說有笑。對此，該員工心裡感到很不舒服，便上前把那個男人叫到路邊巷子內，用拳頭擊打其腹部。那個男人奮力逃脫後，該員工又手持木棒窮追不捨，行為蠻橫之極。

有時嫉妒你的人會找其他人發洩自己心中的憤慨。當怨恨你的人無法直接打擊你本人時，他常常會找方法傷害你的朋友或心愛的人，讓他們當場出糗，這種卑劣的「橫向報復」也是源於嫉妒。

希望別人都是弱者是嫉妒心強的人，誰有超過他的能力，他就把誰視為仇人。在別人看來無足輕重的事情卻會引起他們的嫉妒，因為這些人有一顆狹隘、充滿仇恨的心。

斯賓諾莎（Baruch de Spinoza）說過：「嫉妒是一種恨」，這種恨使自己對他人的才能和成就感到痛苦，對他人的不幸和災難感到痛快。一旦我們被嫉妒的毒蛇纏上，那麼生活中就會有太多的事引起我們的不平和憤恨。別人衣著比自己的光鮮，我們會憤憤不平；別人比自己多和上司說一句話，我們會鬱悶一整天；別人的男朋友比自己的帥，我們也會嫉妒。

愛嫉妒者由於總是對自己感到不滿，對他人的憤恨以及事與願違的情緒煎熬，其心理上的壓力和矛盾衝突會導致對身體的劣性刺激，使神經系統功能受到嚴重影響，身體和精神上都處於不健康狀態。一個人一旦受到嫉妒心理的侵襲，往往會痛苦不堪，停滯不前，甚至喪失理智，總是以損害別人來求得對自己心理的滿足，以致做出蠢事來。

巴爾扎克（Honoré Balzac）說：「嫉妒者所受的痛苦比任何人遭受的痛苦都更大，因為他自己的不幸和別人的幸福都會使他痛苦萬分。」因此，當嫉妒心理侵擾時，嫉妒者會心煩意亂，會痛苦、會憤恨，影響身心健康。

人的一生中難免會遇到各種各樣的痛苦與煩惱，這是任何一個人都逃避不掉的。但嫉妒心強的人會因此而更加煩

惱。因為他們的心胸狹窄、無法容人。嫉妒無法看到別人比自己成功，但同時又抱怨自己的無能。於是乎，終日苦悶不已。所以，若想獲得幸福的生活和健康的身體，就請儘快把嫉妒這顆毒瘤從我們的心理剔除吧！

壓抑情緒，突然爆發更加可怕

我們平時看著一個脾氣很好的人，忽然有一天當他的情緒爆發後，會發現他會變得相當可怕。這就如墨菲定律所說：**情緒若是長久積累，不懂得如何宣洩，當它爆發後，產生的破壞力永遠是最大的。**

一個人長期壓抑內心的壓力和負面情緒，還可能會導致免疫力下降、內臟功能失調，誘發多種疾病。同時，對心理健康也會造成極大危害，嚴重時還會出現精神分裂。在1970年代，美國科研機構針對此類問題就發明一種非藥物治療的心理療法——宣洩法，鼓勵人們透過適當的方式把心中的焦慮、憂鬱和痛苦宣洩出來，恢復身心平衡。

宣洩，就是排解釋放負面情緒的過程。因一些不堪回首的經歷或者沉重的生活壓力而長期積攢在內心的鬱悶和痛

苦，必須透過一定方式進行排解和疏導，否則就會使健康和正常生活帶來無法估量的危害。在現實生活中，宣洩的方法有很多，只要能掌握一招半式，就能把內心的積鬱一掃而光。

不要忽視眼淚的力量。有人說，牙碎了也要咽到肚子裡。殊不知，這不僅不利於情緒的改善，反而會讓負能量在內心越積越多，甚至有人提出，強忍淚水無異於慢性自殺。在面對糟糕的心情時，沒有任何一種方法，比讓自己痛痛快快哭一場更過癮、更有效。所有煩惱、憂傷和委屈，都會隨著淚水一同傾瀉出來。這就像是給心靈做一次排毒 SPA，所以不要吝嗇你的淚水，也不要羞於直接去表達脆弱的情緒。

荷蘭科學家們試驗發現，類似《忠犬八公》、《美麗人生》這樣的悲情電影，對緩解人們壓力和負面情緒很有效。

催人淚下的情節會讓每一個觀影者流淚不止。短短90分鐘之後，人們的情緒狀態會有所下降。這可能是電影情節過於悲傷的緣故。但隨後不久，他們的情緒就會迅速恢復，並逐漸超過觀影之前的水平。

從生理角度來說，人在哭泣時會將一些精神壓力產生的毒素排出體外，同時人腦中會產生對提高興奮度有益的化合物。從心理角度來說，哭泣可以使人的心靈得到慰藉，情緒得到釋放。透過與電影中悲傷情節的對比，人們更容易體會到自己現實生活中的美好，更容易產生幸福的感覺。

要善於向身邊的人傾訴。很多人不願意向別人傾訴自己的心情，怕遭到別人的嘲笑和埋怨。其實，這種擔憂大可不必。你的家人和最好的朋友，一定是生活中最關心你的人，在你情緒不佳時，你完全可以找他們倒倒苦水。根據你的傾訴，對方能夠給予你寶貴的意見和建議。情緒低落的人往往容易走彎路、鑽牛角尖，容易辨識不清生活中的真實情況，這時候聽聽別人的意見就顯得非常重要。即便對方不能給予你意見，僅僅是認真地聆聽，僅僅是一個微笑的示意，這對你來說都是一種莫大的肯定、鼓勵和寬慰。當你一吐為快之後就會發現，你的情緒已經恢復大半了。

　　運動是解壓宣洩的最好方式。可以達到轉移注意力的作用，人們透過體力的消耗讓自己專注運動本身，忘卻那些糟糕的心情；另一方面，運動過後會讓人產生一種淋漓盡致的解脫感，所有不快都會隨著汗水一同流走。

　　為了證明跑步之類的有氧運動可以減輕心理緊張、情緒倦怠等症狀，澳洲新英格蘭大學的科學家們設計這樣一組比較實驗。

　　他們將被測試者分為三組：一組進行有氧運動訓練，第二組進行無氧運動訓練，第三組保持靜止的狀態。在持續一段時間之後，透過對各組被測試身體指標

的檢測發現,前兩組被測試都不同程度地提升個人成就感和幸福感,同時降低知覺壓力。特別是進行有氧運動的被測試者,他們在降低心理壓力和情緒衰竭等方面表現得特別突出。

這個實驗結果顯示,跑步等運動方式可以達到釋放情緒作用,對於被生活壓力和負面情緒所困擾的人來說,達到類似興奮劑的作用。

當然,宣洩也要適量,決不能做出困擾他人或傷害自己的事情。沒有哪一種宣洩方式是最佳的,也沒有哪一種情緒是不能宣洩的。只要你根據自身的情況,選擇適合自己的方式,就會使內心的積鬱得以宣洩,心靈的重壓得以釋放。

香港明星劉德華曾唱道:「男人哭吧!哭吧!哭吧!不是罪,再強的人也有權利去疲憊。」不管是男人還是女人,我們在疲憊不堪時,在焦頭爛額時,在心靈越來越無法承受生活之重時,要學會用快樂宣洩,用智慧疏導,讓我們的心靈始終保持著幸福的溫度。

仇恨的種子埋得越深,越是看不到希望

無論對方有多壞,犯的錯誤有多嚴重,哪怕是深深傷害過你,我們也要試著去寬恕別人的錯誤,學著放下對他的仇恨,這樣才能實現自我的救贖。墨菲定律告訴我們:**你若是不放下仇恨,一直將它深埋在內心,它就會一直「茁壯、成長」,長成後,就會造成不可預想的後果**。而解決的唯一方法,就是放下仇恨。那一刻,就是我們的心靈重獲自由的時候。沒有仇恨的包袱,我們便能微笑著面對生活。

在一場婚禮宴席上,許多到訪的客人出現身體不適。經調查,原來是有人在飯菜裡下毒。員警很快鎖定嫌犯,並將他逮捕歸案。原來,嫌犯以前和新郎同住在一個村子裡,因為蓋房的事發生糾紛,兩家人鬧得不可開交,嫌犯的母親還因此一病不起。從那之後,兩家便成為不共戴天的仇敵。雖然新郎一家後來搬到城裡居住,可嫌犯卻一直在暗地裡觀察他們的一舉一動。直到六年後新郎結婚的當天,他決定實施自己的報復計畫。

雖然中毒的人均得到及時救治,但一個復仇的念

頭竟能在一個人心裡埋藏六年甚至更長時間，如今想起來仍讓人感到恐怖與無奈。

仇恨是一切罪惡的源頭，是一顆邪惡的種子，埋在心中必然會噴射出致命的毒液，在報復別人的同時，也會傷害到自己。仇恨會讓人變得憤懣、衝動、狹隘和醜陋，會讓人錯失大好時光而活在深不見底的黑暗裡。我們需要的是平和安詳、灑滿陽光的生活，所以試著放下仇恨。

瑞森曾經有著一個幸福的家庭。在他12歲那年，一個女人因為吸毒過量導致神志不清，將回家路上的瑞森父母殺害了。這個女人被抓進監獄，留下一個剛滿一歲的兒子。

後來，瑞森被送進兒童救助站。在很多人幫助下，他大學畢業，並成為一名優秀的醫生。

有一次，一個問題少年因為持械鬥毆而受重傷，命懸一線。瑞森立刻對他進行手術。在翻看病人資料時，他發現這個少年是殺害自己父母的那個女人的兒子。

真相並沒有影響到瑞森對少年的救治。在他痊癒

以後，瑞森還拿出一部分積蓄去資助他，並定期去探望他。

很多人對瑞森的行為表示不解，但他卻說：「在父母出事之後的很長時間裡，我的確恨過那個女人，每天睡不著覺，總在想著如何去找她報仇。這樣的心態讓我一直生活在絕望裡。直到有一天我突然意識到，生活裡有太多事比恨一個人更值得去做。在很多人的幫助下，我才擁有今天的生活，所以現在的我也願意去幫助更多的人，哪怕是『仇人』的兒子。」

仇恨對我們每一個人來說，都是一個沉重的負擔。一個人不肯放棄自己心中的仇恨，不能原諒別人，歸根到底還是自己跟自己過不去。所以，放過自己就能放下仇恨。如果仇恨是一杯毒酒，寬恕就是一副解毒的良藥；如果仇恨是困住心靈的枷鎖，包容就是打開心鎖的鑰匙；如果仇恨讓我們的生活變得枯竭，那麼友善和微笑就是滋潤我們心田的春風化雨。

放下仇恨，我們就不會被不堪回首的往事所困擾，才能活得心安理得、心胸坦蕩，才能重獲快樂的心境。放下仇恨比想方設法地報復更難、更需要勇氣。當一個人不再對過往

的仇恨耿耿於懷時，他的人生才有可能變得圓滿。

1993年，南非總統曼德拉與當時的白人政府談判達成和解協定。可就在協議通過後不久，一位黑人領袖哈尼被一名白人極端分子刺殺。頓時，全南非的黑人都憤怒了。他們舉行大規模遊行示威，要求清算白人對黑人所犯下的所有罪行。

在內戰一觸即發的緊急時刻，曼德拉四處遊走，勸說黑人保持冷靜和克制。他說：「雖然暗殺哈尼的是白人，但記下兇手車牌號並報警的，也是白人。要說仇恨，你們任何一個人也不會比我更深，但我們應當明白，壓迫者和被壓迫者一樣，必須獲得解放。奪走別人自由的人是仇恨的囚徒，他被偏見和短視的鐵欄囚禁著。」

與此同時，他還安撫白人，向他們保證不會找他們復仇，不會有壓迫，法律秩序也不會被罔顧和顛倒。

在他的努力下，一場危機被化解了，南非終於獲得持久的和平與穩定。

放下仇恨，才能與他人和睦相處，才能獲得他人的尊重和友情，贏得他人的支持與幫助。一個人在遭受沉重的傷害之後，依然能不亂分寸，放下仇恨，以冷靜克制的態度去積極地尋求化解矛盾的方式，這樣的人必將會有一番了不起的成就。

美國著名民權運動領袖馬丁・路德・金恩（Martin Luther King, Jr.）說：「仇恨使生命癱瘓，只有愛能治癒；仇恨使生命混亂激盪，只有愛能再次奏出和諧的生命樂章；仇恨使生命陷入無盡的黑暗，只有愛能重新點亮生命之光。」用寬恕和愛來讓我們忘記仇恨，這是對自己的一種解脫。只有放下，才能以更好的姿態繼續向前生活。如果把別人的過錯永遠記在心裡，心靈就會被仇恨所佔據，最終受害的還是我們自己。

Murphy's Law

墨菲定律二

任何事都沒表面看起來那麼簡單

05 辦公室的生存，
沒有表面那樣風平浪靜

你認為不值得的事情，這件事一定做不好

進入社會之後，能夠選擇一份自己喜歡的工作，腳踏實地、全力以赴地去做固然很好，不過人們常常不能如願以償。這時候，有些人就會產生一種「隨便先做點什麼，不管做什麼總比閒著好」的觀念，隨便找一些工作來做。可是上班之後卻發現，工作就像是在談戀愛，跟自己喜歡的人在一起與跟自己不喜歡的人在一起，完全是兩種感覺。跟自己喜歡的人在一起，即便天天黏在一起，也覺得甜蜜、快樂；可是跟自己不喜歡的人在一起，即便待一分鐘也會覺得相當漫長。

在心理學中，常常用「不值得定律」（Unworthy Law）來解釋這種現象。不值得定律認為：不值得做的事情，就不值得做好。這個定律恰恰反映人們的一種心理：一旦一件事情被人們認為是不值得去做的，那麼這件事就變得枯燥乏味，沒有任何價值可言，而來自職場的壓力又讓人無法捨棄

不做，於是人們開始採取得過且過的做法，敷衍了事。如此一來，這件事也就做不好了。

不同的價值觀決定人們在看待同一件事情的時候有不同的看法，正如同演員會反覆練習自己的表演，而政治家卻認為那不過是在嘩眾取寵一樣。

一個人在做他根本不喜歡也不感興趣的事情時，往往會感覺十分痛苦，彷彿置身於地獄一般。

為了避免不值得定律的干擾，你要找一件自己覺得「值得做」的事情才行，畢竟墨菲定律也在提醒著人們，**一旦有了不值得做的念頭，那麼這件事就一定做不好。**

但是很多時候，人們認為「不值得」的事情，並非來自他對這件事是否有興趣，而是出於個人的心態問題，他無法積極面對自己的事情。

從一個人對待工作的態度中，可以看到他們未來生活的大致模樣。積極的態度，可以換回最好的結果，過程也許艱辛，也許充滿挑戰，但卻充實又有意義；消極的態度，過程也許「舒適」，但卻會讓生活呈現空洞，無所依靠，無所寄託。

宇軒剛開始對推銷並不感興趣，工作也做得很差，經過一段時間的工作後，他發現推銷原來是一份很有意思的工

作，他居然愛上這個工作，當然成功也就隨之而來。

　　宇軒性格忠厚，人品沒得說，所以在工作中人緣很好，但運氣很差，剛進公司的兩個月內都沒有什麼業績。公司有這麼一個不成文的規定，如果一個新人連續三個月都沒業績，那麼他只能考慮走人，即使留下來，自己的面子也掛不住。

　　在接近第三個月時，大家都以為宇軒可能撐不過了，沒想到，這時，他突然爆發工作熱情，營業額開始逐漸上升。六個月後，營業額已經超越老員工，一年後成為公司的王牌推銷員，又過了一年，成為集團的銷售冠軍。在集團的年度業績大會上，宇軒受到董事長的表揚。董事長授完獎以後，對他豎起大拇指，並說：「我從來沒有這樣當面表揚過一個人，你是第一個。不過，你能給大家分享一下，你是怎麼做到的嗎？營業額從零到快速增長，這樣的轉變，說實話，在集團內以前從來沒有過，能不能和大家分享一下你的成功秘訣呢？」

　　宇軒並不擅長言辭，聽到讚揚，他略顯害羞地說：「董事長，謝謝您的盛讚，您知道，在初到公司的兩個月，我以為自己是個失敗者，所以整天垂頭喪氣，

內心的壓抑無人能知。有一天晚上，我看到一本書，上面寫著『因為熱愛，才能真正愛上工作』。我把那篇文章看完後好像忽然領悟到什麼一樣，覺得自己不能再頹廢下去了，並找到以前失敗的原因。以前我對工作沒有正確的認識，只是把它當作養家糊口的手段，所以對工作也談不上熱愛，缺少對工作基本的熱情。看完那篇文章後，我才發現，原來工作有著那麼深刻的意義。第二天一大早，我就上街買了一套全新的衣服，從頭到腳『煥然一新』，發誓要改變自己。當我積極地應對工作時，渾身充滿力量，有一股前所未有的熱情由內而外將我包圍。然後，我的營業額開始上升，越來越順利。這就是我轉變的過程，非常簡單。」

　　宇軒的轉變，是因為他學會去愛上自己的工作，然後喚起對工作的熱情。熱愛可以喚起熱情，一個渾身散發著熱情的人有一種讓人無法抗拒的魅力。這一點，相信許多人沒有注意到。其實，許多員工在工作上之所以不太順利，甚至失敗，就是缺乏對工作的熱愛。如果你對自己所從事的工作都麻木不仁的話，那麼可以肯定，就算換個環境你照樣不會快樂。換句話說，如果你現在對於自己所從事的工作沒有一絲

的熱愛，那你肯定無法獲得成功。

　　偉大的事業不會對「得過且過」的人青睞。在工作上有所作為的人，對待工作都一心一意、意志堅定、不畏艱苦、充滿熱愛。

　　一位想創作名作的畫家，如果他拿筆都心不在焉，畫畫時有氣無力，東塗西抹，那麼他的畫怎麼能夠經久傳世？一位哲人說，想把問題思考到最完美的境地，就非得有深邃的目光和充分的熱誠。史特拉汶斯基（Igor Stravinsky）也許並不比其他的音樂人在天分上高出多少，他的成功只是源於他的一份專注，才讓他的作品呈現不同於他人，這才獲得更廣泛的影響。

沒有計劃的工作，總是浪費更多的時間

　　在總結成功人士的成功之法時，不難發現他們都有一個共同點，就是善於按照計畫行事。在職場上，瞬息風雲變幻，如果不事先做好計畫，排除每一個出錯的可能，就很難走向成功。墨菲定律也告訴我們：「**如果沒有計畫，就是最失敗的計畫**」。

這個理論與美國行為科學家艾得‧布利斯提出的「布利斯定理」不謀而合。布利斯定理認為：「用較長的時間為一次工作事先計畫，做這項工作所用的總時間就會減少」。

我們都知道，在做事之前如果沒有計劃，那麼行動起來便沒有目標，做起事來必然像一盤散沙。而如果事先做好計畫，便有做事的步驟，做起事來也能有條有理。

心理學家認為，一旦人們做出某種選擇，就很容易走上一條不能回頭的路，慣性的力量會讓這種選擇不斷強化，並讓你無法輕易地走出去。因此不管做什麼事情都要有個計畫，防止自己走偏。

計畫，就是實現目標的藍圖。在它的指引下，你將步步為營，穩紮穩打，向著正確的方向前進。

有一位年輕的獵人，雖然他已經跟著老獵人狩獵很多次，但從來沒有自己單獨行動過。終於，他盼來單獨行動的機會。這是自己第一次行動，他十分興奮，逢人便講自己要一個人去打獵了。人們對他表示祝賀，但也不斷提醒他要檢查好自己的槍枝彈藥。這位年輕人信心滿滿，對他人的善意提醒置若罔聞。

由於興奮，這位年輕人晚上沒有睡好。第二天，一早就出門了。

老獵人提醒他說：「你先把子彈裝入槍膛中，這樣遇到獵物，你就可以馬上開槍。」

「沒有必要。要知道我裝子彈的速度是最快的。」年輕的獵人回答道。

沒過多久，他在河岸邊發現一大群野鴨。他很高興，馬上掏出子彈，裝入槍膛。但是，裝子彈時的輕微聲響已經驚動這群警惕性很高的野鴨，牠們馬上飛走了。

年輕的獵人很後悔，心裡暗暗自責：「早知道就把子彈裝好了。」不過，他又寬慰自己：「時間還早，這只是些小獵物，而且現在子彈已經上膛了，看我打一個大獵物帶回去讓他們瞧瞧。」

好運似乎落在這位第一次單獨行動的獵人身上。沒走多久，他就發現林中有一頭正在覓食的麋鹿。「這可是個大獵物！」他暗自高興。於是，馬上舉起槍，屏氣凝神，瞄準，果斷扣動扳機。但是，只聽到「咔」的一聲扣動扳機的聲音，槍沒有響，子彈並沒有被擊發出去。原來他的扳機出了問題。

「真是倒楣！怎麼第一次單獨行動，就遇到了這麼多倒楣事。早知道，我就該聽別人的，在前一天將獵槍也好好檢查一下。」更讓他沮喪的是，麋鹿聽到

扣動扳機的聲音，已經消失在樹林中。

機會一再錯失。結果，這位年輕的獵人一無所獲地返回村子。

年輕的獵人盲目的自信樂觀，既不去檢查自己的裝備，又不願意傾聽他人的意見。無論做什麼事情，事前必須要有所計畫和準備。在制定計畫的過程中，必須對將來會出現的情況有所預測，分析哪些事情可能會發生，哪些事情可能成為自己的阻力，自己應該採取什麼樣的方法來解決出現的問題……經過縝密的思考之後，就可以規劃出自己的行動藍圖，並根據這一藍圖做好準備，積極應對可能出現的問題。

制定出適合自己的計畫，往往會達到事半功倍的效果。一個適合自己的計畫，可以發揮自己最大的潛力；一個適合自己的計畫，可以減輕憂慮、急躁、自我懷疑等負面心理對自己的影響；一個適合自己的計畫，可以使成功的步驟變得更加簡潔明瞭。

對日本運動員山本田一來說，正是制定出適合自己的計畫，才讓他獲得1984年東京國際馬拉松邀請

賽的冠軍。山本在他的自傳中這樣總結自己的比賽經驗：「在每一次比賽之前，我都會將比賽沿途一些比較醒目的標誌記錄下來。例如，第一個標誌是博物館；第二個標誌是銀行；第三個標誌是一座獨具風格的房子……就這樣，當比賽還沒有正式開始的時候我就將這些標誌作為征服的目標，每當經過一個目標的時候就會覺得自己又獲得了一次巨大的能量。在這樣不斷的征服中輕而易舉地跑完整個路程。」

山本透過制定合適的計畫，使自己登上成功的頂峰，獲得冠軍的殊榮。這樣的計畫看起來不難制定，但是很多人卻根本沒有計畫意識。面對將要發生的事情，我們大義凜然、意氣風發。「兵來將擋，水來土掩」，常常這樣自我暗示。可是，要知道，如果沒有事前的計畫，我們何以找到好用的「將」、充足的「士」，又怎能從容不迫地面對一觸即發的危局。如果沒有計畫意識，一個人對於自己內心慾望感知必然是模糊的，那麼他所走的每一步也必將是混亂的。

計畫，是一個人對於自身的瞭解，是一個人對於事件發展的預判，也是一個人解決問題的藍圖。擁有計畫意識，是每一個想要實現自己慾望必不可少的素質。如果你僅僅滿足

於在頭腦中幻想慾望的實現，那麼你當然不必勞神費思地制定計畫、規劃藍圖。但是如果你希望把自己的慾望變為現實，那麼擁有計畫意識，制定一個適合自己的計畫就是成功路上的關鍵一步。

廢寢忘食的工作不一定是勤奮，也許是能力不足

你一定見過這樣的人：桌子上堆滿文件，總是一副焦頭爛額的樣子，他們對工作很認真，就連節假日也會加班工作。身為旁觀者，你都被他的勤奮感動了，可是老闆卻無動於衷，加薪升職總是與他們無緣。真的是老闆沒有看到這一切，還是另有隱情？

精明的老闆從不看表面現象，他們會透過員工的工作內容和狀態，看出他們的能力。有些工作的確難做，但不一定會讓人顯得很忙；整天忙得像陀螺一樣的人，也未必是真的能幹。

有一部心理學著作中寫道，有些人總是企圖表明自己廢寢忘食，其實他內心隱藏著本質上的怠惰。他對工作缺乏關心和興趣，只是害怕遭受責難和懲罰，才陷入戰戰兢兢的狀

態中。倘若受不了連續的緊張，為了消除這種不安，他就會採取一種期待讚賞的行動。

只要人在辦公室就是在工作嗎？只要在工作就是勤奮上進嗎？只要這樣做就一定會得到賞識？其實不然。一個人是否積極上進，考核的標準至少有三點：工作態度、工作效率、工作品質。在同樣的環境下，你對工作要比別人更熱情、更主動；做同樣一件事，你的完成速度和工作品質要優於其他人；在同樣的時間裡，你所做的事要比別人多。

「唉！工作又沒完成」、「唉喲！我怎麼又忘了健身」、「我真後悔，一輩子竟一事無成」，日常生活中我們總能聽到這些人的嘆息聲。真想對他們說：「為什麼不事先規劃好自己的時間呢？」

陳志飛是一個公司的副總，雖然他靠著勤奮一步步爬到副總的位置，但他依然有著散漫、對時間沒概念的壞習慣。有一天，當陳志飛走進辦公室看到桌子上成疊的報表時，感到非常頭疼，但迫於工作，只好靜下心來，翻看每一張，當看到一半的時候，秘書走進他的辦公室說：「副總，有客戶要求見您一面。」他不在意地說：「讓他先在會客室等一會兒，我馬上就過去。」

當他用大約一杯茶的時間翻閱完這些報表走進會客室時，看到那位客戶正迫不及待地在會客室裡徘徊。於是他堆滿笑容地對客戶說：「對不起！我工作太忙，讓您久等了。」

客戶聽到他這句話後，說：「如果你實在沒有時間，不如我們改天再談吧！」於是那位訪客走出會客室。陳志飛一時感到迷茫。

第二天，董事長找陳志飛談話說：「公司決定撤你的職，並決定辭退你。因為你不適合本公司的業務要求。」

陳志飛著急地說：「怎麼回事？我為了公司賣命，怎麼你的一句話就把我給辭了呢？」

董事長見他仍然執迷不悟，氣急敗壞地吼道：「你這笨蛋，你把我1000萬的生意給搞砸了，你知道嗎？」

原來是自己的一句話惹惱了客戶。他想起初來這家公司的時候，在公司的工作須知裡有這樣一段話：「時間至關重要，凡是本公司員工一律遵守時間，任何人不能因故遲到或早退；要按時完成任務；要做好時間安排，哪怕是最小的細節也必須在排程中列出來並付諸實施。」

陳志飛並不是很忙，而是沒有規劃好自己的時間，不僅被主管辭退，也給自己帶來痛苦和煩惱。可想而知，規劃時間是多麼重要。

人們總覺得被戴在手腕上的那個小玩意兒控制自己沒什麼必要，便可以浪費時間，更準確地說就是混時間，到頭來生活平平，一事無成。甚至對時間恨得要命，煩得要命。有些人則很會規劃自己的時間，他們守時、準時和省時。他們先做好自己的時間計畫，然後再行動，這樣就不容易使自己在實現目標時浪費時間了，快速提高效益。

加班，未必就是勤奮了，有可能是白天不積極、熬夜；早到公司，未必就在工作，可能是在上網聊天、逛論壇，或者是做給老闆看。這樣的勤奮，只是形式上的勤奮，實質上並沒有任何提升，比如讓自己變得更優秀，讓工作變得更出色。

如果你的勤奮並沒有給你帶來預期的結果，那麼你需要思考幾個問題：我在工作中浪費時間了嗎？我認真地去做每一件事了嗎？同樣的工作，其他同事能在上班時間完成嗎？

如果別人只用1個小時就能完成的事，你卻要用3個小時，那說明你不是真正的勤奮，而是效率低。在這種情況下，你該反思自己究竟是能力有問題，還是工作方式不對。能力不足的話，要考慮透過學習去提升，或是調換職位；工作方式不對，要善於觀察，看比自己優秀的同事如何統籌計畫、

節省時間的,有效地掌握一些技巧。

不懂主動彙報,主管不會知道你有多積極

在工作中,主管不可能面面俱到,清楚瞭解每個人的工作進度。要想讓自己的主管對自己刮目相看,可以主動向上彙報自己的工作進度,這樣一來,主管會既省心又放心,對你也會青睞有加。

很多人只知道一昧苦幹,每天兢兢業業,本以為自己做出的成績能被主管注意到,沒想到主管卻懷疑是不是真的在努力工作,有什麼獎勵、功勞也都被其他會邀功的同事搶了先機,心裡非常委屈。如果我們能注意在工作的時候多向主管彙報自己的工作進度,就能讓主管清楚地瞭解你的努力和付出,還會欣賞你的勤奮能幹。千萬不要因為怕打擾主管而不去彙報工作,因為墨菲定律早就告訴我們:主管比你認為的更期待你的主動彙報。

一家公司同時來兩個實習生,分別叫鐘瑞珊、張慧穎。經過半年的培訓學習,兩個人進入同一小組。

過了一段時間，組長交給她們每人一項任務，讓她們在一個月的時間內獨立完成兩個不同的企劃案。

鐘瑞珊接到任務後想：「這可是一次表現的機會，我一定要加把勁努力完成。」然後她就擺出拼命三郎的架勢，賣力工作，力求把任務完成得盡善盡美。過了十天，組長過來詢問鐘瑞珊：「怎麼樣？進行得順利嗎？」回答：「很順利，一切正常！」其實她正處於一個瓶頸期，並不順利。

而張慧穎接到任務後，第一件事就是詢問組長：「組長，這個任務要求達到什麼樣的程度，有什麼標準嗎？」組長隨即詳細地將一些標準和注意事項。剛開始，張慧穎每隔三天就去向組長彙報一下自己的進度，並詢問自己完成的部分是否有需要修改和調整的地方。過了半個月，張慧穎已經順利上手，但仍舊每週向組長彙報自己的工作進度和出現的問題。

一個月以後，鐘瑞珊和張慧穎兩個人同時拿出一份企劃案。鐘瑞珊的企劃案內容雖然豐富，但是有些雜亂，還有好幾處明顯的錯誤；而張慧穎的企劃案清晰簡明同時內容完整充實，是一份非常成熟的企劃案。在小組會議上，組長表揚了張慧穎，說張慧穎的任務比較難卻仍舊按時完成，對鐘瑞珊則簡單地提了幾句，

希望她以後在工作中再細心一些。鐘瑞珊心裡很委屈：「我到底哪裡做得不好？」

每一位主管的心中，對自己的下屬多多少少都會有這樣的疑慮，手下的員工每天好像都很忙，但又不知道他們在忙些什麼，直接開口去問好像又顯得不夠信任他們。所以，很多主管要麼以為員工偷懶，要麼以為員工的任務太過簡單。作為下屬，最妥善的做法就是主動向主管報告自己的工作進度，讓主管放心，不要等事情做完了或主管詢問時再講。如果能經常向主管報告，讓主管知道你的工作進度，讓他放心，才能對你產生好印象。

此外，主動向主管彙報的做法是一種規避錯誤的最佳方法。有時我們在工作中不自覺地會產生一些小小的錯誤，如果沒有及時發現，發展到後來就會變得無法收拾。趁早向主管彙報你的工作進度，一旦有錯誤，主管可以及時地指出，避免你在日後的工作中發生更大的錯誤。

魏曉曼在公司裡已經兩年了，因為自己的主管管理的區域太大，工作太繁忙，她幾乎沒有機會受到主管的指導。魏曉曼想，與其坐等，不如主動出擊。她

決心製造機會能和自己的主管就工作的問題談一談。

一天，公司開完階段會議後，同事們紛紛離開公司，只有魏曉曼留下來加班。藉著去茶水間泡咖啡的機會，魏曉曼遇到自己的主管 David。魏曉曼趕忙打招呼：「David，您怎麼還沒有下班？」

主管看見是魏曉曼，雖然是自己的下屬，但是因為人員眾多、事務繁雜，他對魏曉曼並不熟悉。David 笑著打了個招呼：「你怎麼也沒下班？」魏曉曼說：「哦，我整理完今天的會議筆記就走。對了 David，我有件事想問問您，耽誤您幾分鐘可以嗎？」

David 也沒有推辭，魏曉曼飛速跑回自己的辦公桌，拿起近期正在做的一份報表就去找 David：「這是上個月您交給我的工作任務。我已經進行 60%，您看看有什麼問題嗎？」

David 認真地看了魏曉曼的報表，非常欣慰：「做得不錯！我最近沒有顧得上你，沒想到你的效率這麼高！看來你能夠勝任更難的工作了。怎麼樣，做完這個，有沒有勇氣接難的任務？」

魏曉曼早就想有個提升的機會，趕緊表態說自己經得起挑戰。此後，魏曉曼逐漸受到 David 的重用，成為 David 最得力的助手。

在向主管彙報自己的工作情況時，可以對自己的工作提出一些改進的意見，然後徵求主管的首肯，主管會覺得你是一個有責任心又肯動腦鑽研的員工。主動彙報自己的工作情況還能讓主管對你的情況更加瞭解，當他看到你的能力之後，也會更加器重你。

忙碌時主管不見蹤影，開小差時總被抓包

　　大部分職場人士都有過這樣的經歷，當自己忙得雞飛狗跳的時候，主管往往不見蹤影；可當自己忙完了，想要趁機開個小差、偷個懶，卻不幸被主管逮個正著，不由在心中大呼：「為什麼我總被碰上，為什麼不幸的總是我？」

　　一位心理學醫生曾接觸過這樣一位諮詢者，她向醫生訴苦說，自己為了趕一個專案，一連加了好幾天的班。在完成了專案之後，她利用上班時間偷偷溜出去在公司樓下做SPA，給自己疲憊的身體放鬆放鬆。其實，公司中很多同事都這麼做過，且都沒有被主管發現。可是自己剛從美容院出來，就碰上主管。

在第二天的會議上,主管就毫不避諱地指出:有些一直表現很好的員工,最近心思不正,在上班時間做一些跟工作無關的事情。雖然主管並沒有直接點名,但是她知道主管說的正是自己。這讓她感到十分委屈,為什麼一連加那麼多天的班老闆看不見,偶爾去放鬆一下卻被抓個正著?

職場中這樣的情況其實並不少見,好好工作的時候主管不出現,一旦自己開小差,比如外出辦私事、開會刷 IG、上班聊天、打私人電話、看 line 訊息、打遊戲、看電影、看股票的時候,卻總是被主管撞見。更讓人覺得生氣的是,其他同事開小差的時候不會被撞見,偏偏自己剛一開小差,就被逮個正著。

從心理學的角度來看,人們覺得這樣被對待十分不公平——為什麼我忙的時候看不見我,偏偏偷懶就被抓住;為什麼其他同事偷懶不被抓,偏偏是我。聽起來這些人的抱怨合情合理,但是卻沒有注意到自己的這些不滿是建立在一個錯誤的前提之下。

上班時間與主管玩「躲貓貓」本就是一項頗具風險的遊戲,它同樣受墨菲定律的支配。我們知道,只要倒楣的事可

能發生，就會發生，而且發生的機率要比我們想像的大。而且**越擔心某事發生，這件事越會發生**。所以，我們在上班時間開小差，常常被抓住。

另外，這裡面也存在著一定的錯覺：我們在忙著做事的時候，主管不是沒來，而是我們根本就沒有時間注意主管到底來沒來。因此，給我們的感覺就是自己努力的時候主管不出現，偏偏在偷懶的時候主管出現了。

為此有人總結出一些上班時間偷懶的秘笈，有些人甚至專門開發 APP，但是這些都不是根本的解決辦法，它們只是降低被發現的機率。因為只要偷懶，就有被發現的可能。要想不被主管抓正著，那就專心工作，不要在上班時間做私事。

抱怨只會產生問題，而不會解決問題

生活中總是有很多喜歡抱怨的人，他們每天喋喋不休，不是抱怨工作累，就是抱怨待遇低；不是抱怨升職太慢，就是抱怨雜事太多太難……可是，當我們喋喋不休地抱怨的時候，是否發現有些人卻一聲不吭，只顧埋頭工作。難道他們沒有不滿意的事情嗎？還是他們為了討好主管而陽奉陰違？

難道他們的心理承受能力就那麼強嗎？

過不了多久，你會發現，那些不抱怨的人才是事業和生活的寵兒。老闆愛戴，同事喜歡，甚至連鄰居家的孩子都喜歡他們。這是為什麼呢？

根據墨菲定律給我們的提示，因為**大多數人只想著抱怨，而抱怨只會產生更多問題，不會解決任何問題**。

而對於另一些人來說，他們明白抱怨無濟於事，任何時候，辦法都比問題多。即便是自己的條件不如他人，即便是那些不公平的待遇他們也能暫且忍受。這正是他們的優秀之處。

善於解決問題的人就是優秀的人。不論在任何情況下，他們都會把他人的抱怨看成是解決問題的機會。

某院主計處的一名幹部，從來都是任勞任怨，從不抱怨。

他參加工作的頭三年，全辦公室都是由他清潔掃地。每天，他都是第一個到。後來辦公室又來了一個年輕人，他的地位上升了，但仍然堅持清潔掃地，總是比別人「多」一些份外之事。別人不理解，他卻沒有一點怨言。

有次，主管對他寫的辦公室改善計畫不滿意，要求他重寫。他盡最大努力寫好交上。主管很高興，可是，卻得罪了辦公室的人。這下，辦公室的人幾乎都與他為敵。但是，他沒有辯解，照樣熱情工作。而且辦公室有需要幫忙的，他也當仁不讓。

　　五年後他所在的科室主任被調走，大家都認為主任之職非他莫屬。沒想到，主管卻從別的科室提拔一個副主任來當主任，卻把他「下放」到偏遠的山區主計處。機關裡很多人都議論紛紛，說他主要是「不善交際」。但他卻沒有找主管訴苦，也沒有表示出不滿。

　　誰都沒想到這個有點窩囊的人在十年後竟然當上主計處的局長。人們問退休的老局長為什麼看好他？老局長回答：每次晉級評比，不論評上還是評不上的都是滿腹牢騷。什麼去基層太苦，薪水太低、環境太差、無法照顧家庭等，我的腦袋都要爆炸了。可是，我從來沒有聽到他抱怨過什麼，他總是在想辦法解決問題。他在基層做了八年，解決了那麼多遺留問題，你們能做到嗎？

　　人們這才終於明白，原來這位的長處就是不抱怨。

機關本來就是個最容易產生牢騷和抱怨的地方，唯有勤勤懇懇才有進步的機會。道理很簡單，僧多粥少，位居「金字塔」中上層的寥寥可數。每個金字塔底部的人，都渴望自己早一點快一點上去。但是，社會從來都是不公平的，由於各種原因，不可能保證每一次的人事變動都能夠公平。因此，那些自我感覺非常良好，以為某個位置天經地義、非我莫屬的人，一旦發現願望落空，就會採取各種各樣的方式，發洩心中的不滿。甚至會拋下應擔任的工作，給主管臉色看。主管對他們怎能有好印象？

那些不抱怨默默工作的人，反而會給主管留下深刻的印象。因為他們的不抱怨給主管留下了好印象，覺得他可以委以重任；因為他們在別人抱怨時默默地用工作來為主管減輕壓力；因為他們自覺地做著份外的許多事情。如此，主管能不青睞他們嗎？正是因為不抱怨使他們能集中精力並將其放在工作上，於是工作不僅主動，而且謙遜，職位得到提升也是很自然的事情。由此可見，不抱怨，是一種態度，也是一種智慧，不僅可以建立和諧廣博的人際關係，而且能夠幫助自己開闢一片新天地。

不管在什麼組織，任勞任怨，做出優秀的業績，為組織創造價值，才是被提升的基本原則。因此，如果你一直對自己的職位不滿，認為是委屈自己才能，不要總是抱怨主管沒

有給你機會，不妨仔細問問自己，是否在主管交給你任務後，能夠圓滿完成？

抱怨有時候就是推卸責任。不論在生活還是在工作中，每個人都會面臨種種困難或問題，擔任職務越高的人，其面對的困難或問題則越多。優秀的人接到公認困難的工作任務，不給自己找可以不完成的理由，也不在面對問題時摻雜任何消極的態度，試圖推給別人。他們總是以正向積極的態度面對困難或問題，並勇於嘗試。如此，即便沒有發生他們預料的好結果，主管也會改變對他們的看法。因此，如果你有時間進行抱怨，還不如把時間用在尋找克服困難、改變環境的方法上。只有你能對問題提出切實可行的解決方案，人們才能對你刮目相看。

06 銷售的秘訣，潛意識中影響顧客購買決策

借助「假設成交法」，影響顧客的決策

在銷售工作中，假設成交法是減少顧客異議、促進成交的常用方法。這種方法很簡單，是銷售員假定顧客決定購買商品而展開推銷的成交法。

心理學上有一個墨菲定律，它指的是**事情如果有變壞的可能，不管這種可能性有多小，它總會發生**。這個定律來源於一個叫墨菲的空軍上尉。墨菲有一個經常會遇到倒楣事的同事。有一天，墨菲開玩笑說：「如果一件事情有可能被弄糟，讓他去做就一定會弄糟。」比如，你去排隊買東西，前面有幾條相同長度的隊伍，最終你所加入的隊伍往往是最慢的。

在銷售中，墨菲定律也有一定的展現：當銷售員接待一個顧客時，銷售員覺得這個顧客可能看看就走，他最後一定會看看就走。銷售員會認為，自己的猜測最終得到印證。殊

不知,很多時候,顧客的行為恰是銷售員潛意識引導的結果。因此,銷售員不妨使用假設成交法,假定顧客已經決定購買商品,很可能將會直接帶入實際交易階段。

小王在等候機時,隨意走進機場購物廣場的西服店。

銷售小姐看到他後:「請問你想要正式一點的,還是休閒款呢?」小王特意走開一點:「我隨便看看。」

銷售小姐不遠不近地跟著他:「好的。您隨便看看。我看您一直在看西服。您是喜歡白色、黑色,還是藍色呢?」

銷售小姐這時使用的就是假定成交法,不管小王任意回答,都可能會促進成交。

對此,小王很謹慎:「我就隨便看看。」

銷售小姐又進一步說:「先生,我看您都在看黑色的西裝,您喜歡雙排扣還是單排扣,我替您去拿來試一試。」

雙排扣還是單排扣?又是一個假定成交的嘗試。

這次,小王沉默以對。銷售小姐話鋒又一轉:「先生,您做什麼行業的?」小王忍不住回答說:「我做貿易的。」

「先生,您真的很有眼光,黑色西裝特別適合您

這種身份。這裡有一套特別適合您,是兩排扣的,就是不知道有沒有您的尺碼。我去找一下,您試穿一下吧!」

不等小王回答,銷售小姐就走到櫃檯旁翻找起來,邊找邊看似隨意地問:「先生,您穿多大碼?175還是180。」

「175。」小王回答,當他給出這個答案的時候,後面事情的發展就再也不受他的控制了。

「先生,您穿這件真的很合身,腰圍這樣合適嗎?褲腳稍微有點長,讓裁縫給您修一下吧!」

「先生,現在這套西裝正好在做活動,原價3萬8千元,現在只需2萬8千元,您需要開發票嗎?」

「先生,這是您的帳單。我幫您把西裝打包起來。」十分鐘後,小王拿著包裝好的衣服走出西服店,心裡很納悶:自己只是等飛機無聊,想隨便晃晃,怎麼就花2萬8千元買了一套西裝呢?

這就是假設成交法的魅力。不談及雙方敏感的是否購買這一話題,以暗度陳倉的方式,自然跨越敏感的成交決定環節,有效促使顧客做出決定。

假設成交法是一種積極並有效的銷售方法，它能有效節省推銷時間，提升推銷的效率。資深的銷售員都不會像入行新手一樣，直到要簽單時才假定這筆生意會成功，而是在每次談判中，一遍一遍地假定顧客會成交，當顧客也開始假定他將要購買你的產品時，說服工作就非常簡單了。

　　「您希望我們什麼時候替您安裝？」

　　「您覺得什麼樣的價格合理呢？您出個價。」

　　「請問您買幾件？」

　　「我們把這次公開課程安排在下個星期五和星期六兩天，您哪天可以派幾個人過來呢？」

　　這些是假定成交的恰當說法。

　　需要注意的是，對於較為熟悉的老顧客或個性隨和、依賴性強的顧客，可以用假設成交法，而對於自我意識很強的、過於自信或自以為是的顧客，就不適合採用這種方法了。

　　除此之外，我們在運用假設成交法時，要注意研究或觀察顧客購買的心理變化，準確捕捉顧客成交的信號，及時給顧客一種強烈的心理暗示，使顧客對產品產生越來越濃厚的興趣，進而促成交易。

　　當然，銷售員在使用假設成交法時，一定要對自己和自己所銷售的產品充滿信心，你的這種自信表現會讓顧客感受到，影響他的購買決策。

降價並不等於暢銷，漲價也許並不難賣

一般而言，價格的漲落會直接抑制或激發顧客的購買慾望，兩者呈反向關係。不過在某些較為特殊的情況下，顧客也會產生對價格變動的逆反心理，導致「買漲不買落」的逆反行為，這種情況也是經常出現的，值得重視。

當商品降價的時候，一些顧客會認為是商品品質下降，或是過時、滯銷的庫存品，而不認同降價行為；當商品漲價時，他們又認為是這些商品品質提高，或者產品的價格還有上漲的可能，於是反而做出購買行為。這也是顧客的一種心理反應。

而對於銷售人員來說，既能讓顧客購買產品，同時又不在價格上自我犧牲，實在是一件求之不得的事情。

那麼，如何才能做到既提高價格又提高買氣呢？

朋友經常光顧他家附近的一家小飯館，時間久了，他發現這家店主在經營上的一些規律：菜單更換的頻率一般在一個月左右。店主會根據時令，適當推出一些特價菜或小盤菜（主要是家常菜），但受顧客歡迎的菜，店主往往會漲上5、10元。

周圍的餐館關了好幾家，其中也不乏重新開張後又倒閉的，但這家餐館卻一直生意興隆，門庭若市。朋友一直覺得很奇怪：更換菜單、推出特價菜、小盤菜，可以說餐館老闆很會迎合顧客需求，但提高單價往往會使顧客忠誠度降低，甚至顧客流失——店主既然懂得如何滿足顧客需求，為什麼還要漲價，抑制顧客需求呢？

其實，這就是一種心理效應作用，叫作「促發效應」（Priming Effect）。

即人們一開始受到的刺激越強，對以後較小刺激的感受和反應就會越遲鈍。換言之，人們受到的第一次刺激能夠緩解他受到的第二次刺激，前面的大刺激會使後面的小刺激顯得微不足道。

這種心理效應的產生，實質是一種心理麻痺的手段：先設計一個較大的刺激放在前面，虛晃一下，衝擊對方的心理；真正的目的則藏在後面，在對方已經形成較大心理刺激的前提下，再把它提出來，就顯得不那麼嚴重了。

例如，在房地產銷售中，一處套房房價由原價800萬元突然漲到1000萬元，不會有人感興趣，會使銷量下降。但如果漲到830萬元，購房者會趨之若鶩。原因就在於，套房

800萬元,這個數字對顧客的心理刺激已經足夠大,當顧客接受了這個大刺激後,房價上漲20萬元或30萬元這個小數目,在顧客看來已經是可以接受的小刺激。房地產商正是洞悉這個普遍的心理規律,使房價的上漲沿著一個緩慢而有序的軌跡,保持在合適的、心理可以接受的範圍之內。

透過買貴的物品,可以顯示自己的某種超人之處。顧客樂於追求高價,除了高價物品帶來的優越感之外,還在意高價物品的品質帶來的安全感。他們通常認為,價格高的物品,其商品功能、品質、品牌等也應該不錯。

越是稀少的產品,顧客越是趨之若鶩

人們往往更容易被少見的、需求多而供應少的東西吸引。一件本來對自己沒有太大吸引力的東西,等到有一天發現它變得越來越稀少的時候,就會覺得它很珍貴——這就是因為物以稀為貴。墨菲定律中告訴我們:**當人們可以獲得這種東西的機會越來越少時,這種東西的價值就表現出來,變得越來越貴重**。這種「機會越少,價值越高」的稀缺性原則(Scarcity principle),通常會影響人們的購買行為。

週末，張麗去商場買東西，路過 Apple 專營店時，順便看最近上市的新款手機。銷售人員介紹手機的各種優點，張麗很感興趣，但是畢竟價格高昂，她有些猶豫。就在這時，銷售主管走過來說：「這款手機賣得特別好，店裡就剩這一個了，如果錯過，至少得等一個星期以後才有貨了。」張麗聽到之後，迅速做決定，刷信用卡先買再說。

上面的例子反映稀缺因素對產品價值的影響作用，很多銷售人員都非常善於利用這一原理給顧客施加壓力，使之順從。如上面提到的銷售員使用「存貨無幾」的策略，告訴張麗手機供應緊缺，不能保證一直有貨的時候，張麗就及早地採取購買行動。

某醫院為了讓人們可以定期到醫院做身體健康檢查，就在宣傳冊上寫道：「如果您每個月不花時間到醫院做身體檢查，那麼，您很可能得了某種病而自己卻不知道，這對健康的危害是非常大的。」這樣寫讓人感到健康的重要性，明顯要比「如果您每個月都花些時間到醫院做身體檢查，您就會得到健康的保障」更能夠讓人信服。語意促發效應（Semantic Effect）效果明顯不同，這就是心理學對人們行為的影響。

熱衷收藏古董的人不少。那些古董的價值不菲，就是因為它們的稀少——罕見，不容易獲得。假如相同的古董到處都有，也就不會有人出那麼高的價錢購買。所以說，當一樣東西變得越來越稀少的時候，它就變得很有價值，這就是我們平常所說的「物以稀為貴」的現象。有一些本來不是很完美的、一文不值的東西，會由於稀少而變得珍貴，成了重金難求的珍品。比如，印刷模糊的郵票、打磨失敗的美玉、多次沖壓的硬幣、有殘缺的瓷器等。由於這些東西的稀少，反而要比那些沒有瑕疵的物品更加受到顧客的青睞，也更有價值。

　　也就是說，稀缺因素會導致物品的價值越來越高，會得到更多人的關注。銷售員可以利用這一原理給顧客施加壓力，讓他們順利買下商品。在現實生活中，商家常會打出「數量有限」的標語，當銷售員告訴顧客某種商品的供應比較吃緊，無法保證一直有貨的時候，顧客反而會立刻購買。

　　周先生是位出色的銷售員。他向顧客推銷商品的時候，總能夠利用稀缺商品的吸引力，讓打算遠離的顧客做出購買的決定。

　　周先生在百貨公司當了8年的推銷員。他遇過不

同類型的顧客,賣過不同種類的商品,但是,不管銷售哪一種商品,他都可以取得很好的業績。他總是告訴顧客某一商品容易缺貨,他說:「這種廚具非常熱賣,現在只剩下最後一套了,如果您不要的話,可就買不到了。」「您應該考慮一下,最近這種商品非常缺貨,從工廠進貨都很難,我不敢保證您下次再來的時候還有貨。」

　　他這樣的說辭很有效,許多顧客就是聽了他的這些話,最後買下推銷的商品。為了讓自己不因為買不到而後悔,顧客會非常果斷地做出選擇,先把商品拿到手再說,這樣才能安心,這也是周先生成功的秘訣。

　　數量有限的資訊必然會對顧客的購買決策產生一定的影響,銷售員要學會運用這樣的銷售策略來推銷自己的商品,可以有效地促成訂單。當銷售員發現顧客對某種商品很感興趣的時候,就要適當地巧妙引導,在說明商品品質可靠、價格實惠的同時,也可以告訴他們,這種商品十分稀缺。當顧客聽到了這樣的話後,往往會有一種不買就很難買到的心理。因為擁有它的機會變少了,對顧客的重要性也就大大提高。於是,得以讓顧客馬上決定,先買回家再說。

大家都買，我不買就吃虧了

在生活中，我們經常看到一種現象：生意越好的店門口，人越多，大家都排隊搶著購買。而生意越不好的店則越冷清。這種現象在心理學中有一種稱呼——從眾心理（conformity behavior）。相信大多數顧客都有這樣的心理，看到某個店面門口排起長隊，哪怕自己沒有購買慾望，也要過去看看賣的是什麼，最後會稀裡糊塗地跟著排隊購買。

從眾心理是指個人受到外界人群行為的影響，而在自己的知覺、判斷、認識上表現出符合公眾輿論或多數人的行為方式。從眾心理在我們日常生活中還有一種俗稱——盲從。生活中雖然有人會保持獨立的想法，但大多數人還是會跟著多數人說話或做事的「盲從」。因為顧客都有這樣的心理，畢竟大家都在買，品質肯定不差，即便上當了，也不止我一個人。也就是說，多數人怎麼看、怎麼說、怎麼認為，自己就採取相似的行為。

銷售員可以利用從眾心理來推銷自己的商品。比如，銷售員可以對顧客說：「有不少人都買了這樣的產品，他們都說不錯。」「社區裡有很多和您年紀差不多的人都在用我們的產品。」這樣的言辭能讓顧客覺得心裡踏實，他們認為那麼多人都購買了，一定錯不了，自己也隨之購買。

某商場的入口處有很長的隊伍,從商場門前經過的人就會被吸引過來,加入排隊的隊伍中。當人們看到了這樣的場景時,他們的第一個想法就是:有那麼多的人圍觀這個商品,一定不錯,我不能錯過這個機會。

這樣一來,排隊的人就會多起來。實際上,在這些人中真正有明確購買意圖的沒有多少,他們只不過是看到其他人的行為,相互影響。既然顧客有這樣的心理,銷售員在進行銷售的時候,就一定要利用顧客這種心理,影響人群中的敏感者接受產品,讓整個人群都接受產品。

有一個店鋪專門經營寢具用品,其中四件套賣得最好,年銷售額連創新高,獲得不錯的業績。

剛開始的時候,這家店鋪是一個生產並銷售雨衣、游泳帽、床墊、四件套等產品的綜合性企業。由於店鋪的產品品項雜亂,沒有一點特色,因此,銷量非常差,有一段時間面臨倒閉的危機。在某個偶然的機會中,老闆發現寢具四件套賣得非常好,於是,他放棄其他產品,專門生產並銷售寢具四件套。

這家店鋪的老闆生產非常好的四件套,採用最新的技術、新材料,品質沒得挑。他花了很多精力去宣傳產品的優點,希望可以引起市場注意。然而,剛開

始試賣的時候，乏人問津，生意特別冷清，幾乎到無法經營的地步。老闆非常焦急，每天都無法安然入睡，最後，他想出一個好辦法。先讓自己的員工假扮成顧客，在店鋪門口排成長隊來購買。沒過多久，店鋪的門前就聚集很多人，幾排長長的隊伍讓過往的行人駐足觀望：「這裡在賣什麼？」「是什麼商品，這麼多人買？」如此一來，就營造出熱銷氛圍，於是，有不少人都成了「從眾型」的買主。隨著產品的不斷銷售，人們慢慢認可這個品牌的寢具四件套，前來購買的人越來越多。

　　上述寢具四件套的暢銷實際上就是利用顧客的從眾心理，打開市場。但是，前提是產品的品質要好，而且，在被顧客購買後可以得到顧客的認可，這才是銷售的關鍵。利用心理效應只是吸引顧客的一種手段而已。

　　我們經常會看到大街上發產品宣傳單，如果你仔細觀察，就能夠發現，某人在發傳單，假如有一個人從他身邊經過後沒有拿他的宣傳單，那麼，後面的人也不會要；只要有一個人接了他的宣傳單，那麼，後面的人就會主動去索取。在櫃檯促銷中，也會遇到這樣的情況，假如有一個人購買產

品,圍觀的人就會跟著購買;如果沒人買,那麼,後面來的顧客也不會購買。造成這種狀況的原因就是顧客的從眾心理。在很多情況下,人們會跟隨眾人的行動。

在網路購物時,首先關注的是商品的銷售量、瀏覽量,還有其他顧客對商品的評價以及商品有沒有最新的促銷活動等,這些都可以給顧客創造一個「絕不是僅有你一個人在購物」的環境。購買的人越多,顧客就會覺得買這件商品非常划算,購買這件商品是很正確的。在自己之前,已經有很多人都買了,而且,以後還會有人買,所以不用擔心,放心購買吧。

這就是典型的從眾心理,幾乎每個人都有,是無法避免的。顧客通常都會有這樣的心理:大家都覺得好,那麼,我也覺得好。為什麼有很多企業,廣告行銷的時候會去找有影響力的人物呢?就是因為,這些人可以影響顧客的消費行為,當人們看到了某個名人做的廣告後,就會順應大眾的心理,去購買這種產品。「你也在用,我也在用,大家都在用」,於是,廣告就發揮作用,廣告實際上就是在利用人們的從眾心理。有許多顧客對新品牌有很大的顧慮心理,在顧客無法做決定的時候,要讓他們看看周圍的人都在使用這個產品,特別是顧客認識的人,這樣會有更好的效果,讓顧客放心購買。

永遠賣不完的清倉大拍賣

任何一個顧客都希望可以花最少的錢,買最多的商品,甚至希望可以得到更多的免費贈送。而商家進行的清倉大拍賣、降價促銷等活動,恰恰迎合顧客這樣的心理。銷售員清楚並瞭解顧客的這種心理,有助於在實際的銷售活動中完成任務。

王先生經營一家鞋店,因為上季是銷售的旺季,因此,購進大量的貨物,而且,銷售的情況也非常好。後來,由於對市場判斷失誤,沒有削減進貨的數量,最後導致大量商品囤積。雖然王先生用了許多辦法,但是,貨物依然囤積很多。最終,馬上就要換季了,不得不打出「清倉拍賣」的招牌。然而,讓他沒想到的是,這一次清倉拍賣竟然讓他店裡的銷售額上漲,不過,依然沒有明確打開銷售缺口。

後來,王先生發現,很多顧客都是因為看到門口清倉拍賣的看板才進入店內,但是,當他們進入店裡後,卻沒有購買的意思,而是猶豫地到處看看。這讓王先生十分疑惑,因為清倉拍賣是他最後的招數了,以前都非常有效。

為了瞭解顧客的想法，王先生以顧客的身份上街購物，發現只要到換季的時候，大部分的商家都會有清倉拍賣的活動。因此，單憑清倉拍賣已經無法吸引顧客。但是王先生沒有放棄，為了能夠更瞭解顧客的感受，他來到了一家陌生的鞋店中，這家店面裡也打著「清倉拍賣」的招牌。從外面看沒有什麼不同，但是進入店裡，王先生發現整齊的鞋櫃，一塵不染的樣品，馬上就對「清倉拍賣」有了質疑。這個時候，他明白了，自己應該對「清倉拍賣」做一個大的調整。

　　第二天，王先生找來兩個大紙箱，然後把鞋櫃上的鞋子雜亂地扔了進去，而放在鞋櫃上的那些都是最新款型的鞋。之後，他又重新寫了「清倉拍賣」的牌子，就掛了出去。當天，王先生的店內銷售非常熱絡，很多顧客看到店外的「清倉拍賣」的招牌後，都願意進來看看。然而，當他們發現鞋櫃上整齊擺放的新款鞋子時，有一點質疑。不過，當他們看到紙箱裡的鞋子以及「拍賣的標價」後，就改變態度，情不自禁地去挑選。因此，當天的銷售成績非常好，王先生清點後發現，只用了一天的時間，就達到過去一周的銷售額。在接下來的幾天裡，王先生依然用這樣的方法，傾銷全部的囤積貨物。

銷售員要明白,「清倉大拍賣」僅僅是銷售的手段,關鍵是要讓顧客認為有利可圖,商品確實是降價出售。假如,每個商家都持一樣的「清倉大拍賣」的招牌,並且銷售方式也一樣,那麼,顧客自然就會產生質疑。一旦顧客知道銷售員的把戲,他們就會感覺自己被欺騙了。這樣一來,就算商品的品質以及銷售員的服務再好,顧客也不會再光臨了。

　　實際上,清倉拍賣的銷售方法如果不能正確使用,很容易對顧客造成不好的影響。比如,某家商店經常透過「清倉拍賣」來招攬生意,就算是真的降價,顧客也會覺得不可信,認為商家是在耍把戲,當然也就不會登門購物了。但是,為什麼很多商家依然能夠透過長期使用「清倉拍賣」獲得銷售量呢?因為商家在使用這一方法時留意這兩個面向。一是保證商品的流動性。也就是說,要保持每個銷售季度的末期做一次清倉大處理。對於囤積很久的商品,要及時下架,並儘快上架新款商品,透過實際降價的方式進行清倉處理,這樣,顧客就會來購買,這才是真正的「清倉拍賣」。

　　另一方面,一定要把「清倉拍賣」當作是一種手段,在銷售的過程中確保顧客的流動性,因為大多數的顧客都是一次性交易,被質疑的機會也就不存在了。

抓住顧客追利的心，達到交易的目的

　　任何顧客在購買東西時，都希望買到物美價廉的產品，這是亙古不變的真理。在實際的銷售過程中，顧客有時對於這種求利的心理會進行掩飾，怕被人看出；也有顧客根本不瞭解具體的情況和利益所在，而他又不願意主動詢問。當遇到這樣的情況時，「利益接近法」就是一種很有效的銷售方式，而這種方法最主要的目的就是接近你的顧客。

　　什麼是利益接近法呢？就是銷售員抓住顧客追求利益的心理，利用所推銷的產品或服務能給顧客帶來的利益、實惠、好處，引起顧客的注意和興趣，進而轉入面談的接近方法。

　　從現代推銷原理來講，利益接近法是一種最有效、最省力接近客戶的方法。它迎合大多數顧客的求利心態，凸顯銷售重點和產品優勢，有助於很快達到接近顧客目的。顧客購買商品的目的是想透過商品使用價值的實現，從中獲得某種利益，企業的銷售更是直接以盈利為目的，它符合商業交易互利互惠的基本原則。

　　另外，當銷售員指明利益的時候，一類顧客會留下來繼續聽銷售員的講解，另一類顧客會掉頭走開。通常，留下的顧客都是購買意向非常強烈的潛在顧客。銷售員用這種方法

準確篩選顧客。這是它的另一大優勢。

使用利益接近法時，銷售員在見面之初就直接向潛在顧客說明情況並提出問題。一般情況下，你只需要簡單地提出一個問題或簡單地闡明一個觀點，就能將顧客的思想引到可能為他提供的好處上。

冰淇淋原料銷售員向一位冷飲店經理推銷時，首先提出這樣一個問題：「您願不願意每銷售一加侖冰淇淋就節省 40% 的成本？」

對於冷飲店經理來說，減少投入就是增加利潤。他肯定很想聽聽到底是怎麼回事。透過這樣的開場，銷售員可以第一時間贏得顧客的關注。接下來，銷售員就可以詳細介紹他的配料如何能降低成本，如何增加口感。因為銷售員所提供的產品利益恰恰是顧客所需要的。透過銷售員詳細介紹之後，雙方就能很順利地完成交易。

因為所有顧客的購買目的都是解決問題或者獲得某種利益。利益接近法的根本就是圍繞顧客的利益點進行設計。這是銷售員使用此方法的重點，也是難點。

一般情況下，只有一種或兩種購買刺激特別能影響購買決策。銷售員必須對這種購買刺激明確地做出界定，並且無論如何要將這種刺激付諸實施。

　值得注意的是，顧客的身份相同，他們對購買刺激的敏感點卻很可能不同。這就需要我們要認真觀察、抓住重點。

　使用利益接近法時，銷售員要著重把商品帶給顧客的利益放在第一位，直接表達出來，使顧客產生興趣。這符合顧客消費中的求利心理。不過，這種方法的核心是點明產品能帶給顧客的利益，這對產品本身需要很高的要求。一方面，產品必須要具有一定的吸引力，能引起顧客的注意和興趣，如果產品毫無特色、毫無魅力，縱使銷售員想破腦袋，也很難想到打動顧客的利益點；另一方面，產品本身要能經得起顧客的反覆檢驗，能對顧客做無聲的介紹，如果產品的品質和性能經不起顧客的檢驗，不僅會影響成交，還會影響銷售員在顧客心目中的誠信形象。銷售員說得越多、說得越好，顧客的印象就會越差。

「客製化」，讓每個顧客都覺得他很特別

　　人不與其他人交流和互換勞動產品，就不能生存。每個人都需要購物，這是由人的社會性決定的。許多顧客越來越享受花錢的感覺，他們享受買東西的那種衝動。

　　很多顧客把購買的東西當作一種身份、一種與大眾的差異化、凸顯自身的標誌，透過購買某件商品，告訴大家：我有怎樣的品位、有怎樣的喜好、有怎樣的身份。從某種意義上來說，消費已經成為一種身份的界定。而銷售人員正好可以利用顧客這樣的消費心理，去滿足顧客希望的與眾不同、滿足顧客透過產品所產生的身份認定，針對這類顧客，將產品與顧客主張的身份屬性畫上等號，這樣就能贏得這類顧客的青睞，達成更多的交易。

　　李曉玲平時穿著打扮就喜歡與眾不同。有一次，李曉玲準備和姐妹同去海南三亞旅遊，她們看了很多旅行社的行程，並不符合她們的需求，覺得行程就是普通人經常去的那些景點，沒有意思。後來，在一家旅行社看到一個「客製化」的旅行服務：路線、行程、景點、時間都是她們自己來安排和選擇，想怎麼玩，都隨她們，

旅行社根據她們的意見,來幫忙安排飯店和車輛。

　　這趟出遊,雖然李曉玲和幾個姐妹花費了一般去三亞旅遊跟團三倍的價格,但她們覺得,旅行社既滿足她們所有的路線和遊玩的需求,也負責所有機票、飯店、車輛的安排,很周到細心。雖然多花錢,但是她們也覺得很滿意。一路上就在朋友圈用各種方式分享她們的出遊是多麼與眾不同。

　　「客製化」的旅遊現在已經日漸成熟,選擇的人也越來越多。由此可見,顧客對於購物的多樣性、獨特性更加青睞。除了旅遊,現在很多行業都追求獨特性的「客製化」。比如婚禮,以前的婚禮模式都是一個樣,而現在的人們對於婚禮也需要獨特性。從婚紗的拍攝到婚禮的進行,只有做到與眾不同,新郎新娘才會覺得滿意。

　　又如主題餐廳,「網美主題餐廳」、「寵物餐廳」、「電影主題餐廳」已經散落在城市各個角落,吸引大批嘗鮮的顧客。主題餐廳經營的奧妙在於精準定位,成功挖掘某一類消費群體的需求。

　　購物,更是這樣。當這件衣服獨特、稀有,才會更凸顯衣服的身價。

一位打扮時尚靚麗的年輕女孩來到一家服裝店，看上一件風衣。這位年輕的女孩穿在身上試了試，覺得很合身，衣服也很漂亮。店員看到這位年輕女孩試穿後，連忙誇獎道：「您穿著這件衣服真好看，好像這件衣服是專門為您訂做的一樣。」

　　女孩穿著在鏡子前轉了一圈，覺得衣服很好，就問店員的價格。店員說：「1980元，但因為這幾天周年慶，可享八五折。」這位女孩沒有再討價還價，直接說道：「好，給我包起來。」

　　店員看到這麼快就做成一筆生意，很開心，一邊幫女孩打包衣服，一邊說道：「您真是有眼光，這件衣服的銷量很好，很多顧客都來買這款呢。」

　　「啊，很多人買嗎？」這位女孩沉默了一會兒，然後對店員說：「不好意思，我不要了。」

　　在這個案例中，店員就沒有掌握這位顧客的消費心理需求，認為暢銷才說明女孩眼光好，可是現在很多年輕人都不希望與別人撞衫，獨特才是她們所追求的。店員本是無意的一句恭維話，卻毀了一樁生意。

　　那麼，對於這類喜歡與眾不同、喜歡獨特顧客，店員應

該怎樣做呢？第一，儘量滿足顧客的需求。

顧客想要訂製就可以訂製，想要送貨就去配送。行銷最忌諱的是和顧客打對台，顧客喜歡什麼就要提供什麼，違逆顧客就會失去市場。如果一個企業能夠製造潮流，引領顧客的消費走向，它的商品無疑會大賣。

第二，注重過程中的感受和體驗。

像 iPhone、iPad 就是建立品牌體驗店，為年輕顧客提供不一般的視聽享受，激發他們的購買慾望。行銷需要將理念特質融入娛樂之中，給予顧客五感的綜合感受，讓他們覺得有意思和好玩。

第三，開展「社群行銷」。

「社群行銷」似乎更能深入影響顧客，不妨以個性化的網路行銷誘惑他們。訂製很多都發生在網上。可以想像，那些喜歡私人訂製服務的人，多數都有屬於自己的社交圈子，提升他們的品位和服務要求。

FB、Line、IG……大行其道，不管是哪種，都聚集很多個性化的人群。在各自的圈子中，樂於相互分享、相互體驗，作為自己的消費依據。因此，建立這樣的一個圈子，在圈子中提升自身的知名度，是一種很高超的行銷手段。

第四，提供個性化服務。

現在的年輕人，越來越追求個性化的服務。即便是買一

件 T 恤,也喜歡在上面列印上自己的名字或者獨特的標語,來顯示自己的與眾不同。而這樣的 T 恤,通常價格還是兩三倍。但這樣的消費模式,既受到年輕人的青睞,還為商家帶來的更多的利潤,也是一種很好的行銷模式。

設一個錨點,讓顧客更容易接受

定錨效應(Anchoring Effect)也是銷售人員在價格戰中常使用的手段之一。定錨效應指人們在判斷某件事物時,很容易受到第一印象的影響,就好像船錨沉入海底一樣,第一印象把人們的想法固定在一個特定的地方。

在銷售心理學中,定錨效應是指在初始報價時提高產品的實際價格,之後在雙方談判時劃掉初始報價給出低價,這樣更利於讓客戶接受產品的實際價格。

2015 年,小米官方發佈小米 Note 旗艦版。這款手機使用高通驍龍 810 處理器,螢幕使用的是 515PPI(2560×1440 像素),並且採用 4GB RAM 和 64GB 的超大記憶體,是當年的頂級配備,被雷軍稱為「安

卓機皇」。

這樣的手機規格，以當時市場同等級手機來比幾乎價值不菲，但是對於以性價比為傲的小米來說，價格通常不會設太高。與外界預測的人民幣3299元不同，這款手機正式發布將價格定在人民幣2999元。

其實，小米在定價時就使用定錨效應。在第一款小米手機出售時，其定價為人民幣1999元，其後，小米發佈的新機小米2、小米2S、小米3、小米4等，其基本款的定價均為人民幣1999元。之後，小米還研發出紅米手機，並將其定價在人民幣999元、人民幣699元等，成功搶佔人民幣千元機的市場。運用人民幣1999元和人民幣999元兩個錨點，小米成功覆蓋這兩個價格區間的市場，使得許多消費者在選擇手機時，將小米列為首選品牌。

銷售人員也可以在產品推銷的過程中運用定錨效應。先提出的價格往往會被當成錨點，所以銷售人員可以率先進行報價，以便在價格博弈中佔有優勢。

銷售人員在未使用定錨效應，正常報價時，會出現以下情況：

銷售人員：「這批產品的報價為20萬元。」

客戶：「價格太高了，最多給你18萬元。」

而銷售人員在運用定錨效應後，客戶給的價格就會相對應提高，其情況如下：

銷售人員：「這批產品報價22萬元。」

客戶：「價格太高了，最多給你20萬元。」

既然定錨效應的效果如此顯著，那麼銷售人員在運用這一效應進行報價時應該如何讓其發揮最大效用呢？下面就為大家介紹一下。

第一，要先發制人。銷售人員在運用定錨效應時，一定要先發制人，首先對產品的價格做出限定，這樣才能在價格博弈中掌握主動權。定錨效應的具體表現形式是第一印象和先入為主，而銷售人員先行報價會給產品價格一個標準，讓客戶形成「產品值這個價格」的印象，在後期的價格談判中，就不會將價格報得過低。

第二，初始報價要高於實際價格。價格博弈的過程就是一場心理戰爭，如果能夠掌握一定的策略，就能夠讓自己佔

據優勢。銷售人員在報價時，將產品的價格定得高一些，既可以為自己留有談判的餘地，也能讓客戶調整自己的出價，使其有一種成就感。

　　第三，報價要結合實際，不能太高。雖然價格錨點需要設定高一些，但是不能太高。如果銷售人員不顧產品的實際情況將價格過分提高，就會給客戶一種不可靠的印象，反而會弄巧成拙，將價格談判的主動權交到客戶手中，這樣就得不償失了。所以，銷售人員在設定價格錨點時，應該結合實際，一般將價格提高 1～2 倍即可，這樣既可以為談判留有空間，還可以讓產品有盈利的可能。

　　銷售人員在運用定錨效應進行產品報價時，最好率先報價，以獲得先機。合理的報價才能幫助銷售人員在價格博弈中獲得勝利。

07 管理者沒有表面那樣風光，凝聚團隊永遠不簡單

個人的英雄主義，只會讓你犧牲得更快

史蒂芬・羅賓斯（Stephen P. Robbins）說過，軍隊不可能只靠指揮官一個人衝鋒陷陣，管理者也是一樣的，一個人的能力再強，也無法獲得成功。

不管我們多麼崇尚羅賓遜的時代，也不管我們多麼渴望電視中的超人變成現實，但事實是現在已經離個人英雄主義的時代越來越遠。現在講求的是合作，只有團隊才能成功，也只有團隊才能成就個人。比爾・蓋茨、沃倫・巴菲特、……他們的成就背後是一支具有凝聚力的團隊，要不是這些團隊，他們也無法取得今天的成就。

墨菲定律提醒我們：**一個強大的團隊，一個能夠讓每個員工能施展其才能的團隊，才會顯得生機盎然**。而企業也只有擁有這樣的團隊，才會顯得強大，在競爭中脫穎而出。

曾經，NBA「小皇帝」詹姆斯（LeBron James）是一個令人矚目的人物。2010年，相信每個喜歡NBA的朋友都不會忘記這個夏天。NBA發生一件大事，詹姆斯和波許（Chris Bosh）同時宣佈加盟熱火。至此，NBA開啟三巨頭的時代。

這個夏天，很多人都猜測詹姆斯會選擇哪裡成為自己的下一站，尼克斯和公牛是所有媒體猜測的最重要的兩大地點。因為這兩個地方不僅能讓詹姆斯有更多的曝光度，而且「錢」途也更加明朗。但詹姆斯最後卻選擇降薪，和波許加盟邁阿密熱火。

當時，最傷心和憤怒的當然就是克里夫蘭的球迷，他們一直以為詹姆斯會選擇堅守在騎士隊，帶領他們獲得這座城市的第一座總冠軍獎盃。但詹姆斯最後卻選擇出走。憤怒的球迷用焚燒詹姆斯的23號球衣來發洩自己的不滿。當然，作為一個局外人，對於詹姆斯的選擇還是能夠理解的。他在這座城市待了7年，但總冠軍總是離他遙遙無期。他被人稱為「小皇帝」，「皇帝」的能力是沒有人能夠質疑的，他是當今聯盟的第一人，他配得上一枚總冠軍戒指，而詹姆斯也渴望擁有總冠軍戒指，擁有屬於自己的時代。但騎士隊的配備卻無法令詹姆斯有能力觸碰總冠軍戒指。他一

場場拼盡全力，一場場鎩羽而歸。他厭倦失敗，內心對總冠軍的渴望也越發強烈。他需要更好的隊友幫他實現這個願望。最終，他投奔了自己最好的朋友——韋德（Dwyane Wade），與韋德、波許組成震驚聯盟的「三巨頭」。

詹姆斯在熱火的歲月是成功的，在熱火，他獲得總冠軍戒指，更是成為總冠軍的MVP。但是，他卻覺得自己愧對克裡夫蘭的球迷，他覺得他應該給這座城市帶來一座總冠軍獎盃。在2014年的夏天，他高聲大喊：「我回家了！」重新回到克里夫蘭，與厄文（Kyrie Irving）、勒夫（Kevin Love）組成新的三巨頭，身邊有更好的隊友，更好的團隊。他們經過兩年的磨合，在2016年，依靠團隊，終於帶領騎士隊為這座城市獲得一座NBA的總冠軍獎盃。

籃球是一項團隊運動，沒有誰能夠一個人支撐起一片天，就算是喬丹（Michael Jordan）身邊也需要皮朋（Scottie Pippen）和羅德曼（Dennis Rodman）才能建立起強大的公牛王朝。若是沒有身邊這些好的幫手，即便是被稱作「飛人」，相信喬丹也無法獲得那樣的成功。所以，NBA最強大

的球隊，永遠是擁有團隊籃球的球隊，若是沒有良好的團隊，即便是喬丹、詹姆斯，也一樣無法觸及總冠軍。

對於一個企業來講，又何嘗不是如此。衡量一個企業是否有競爭力，是否能夠永續發展，決定因素的不是理念有多先進、資金有多雄厚、技術有多發達，而是企業是否有團隊合作精神，尤其是企業的員工是否具有合作意識。有了強有力的團隊，那麼所有的員工就能團結一致，奮力往前衝。

害怕員工強過自己，團隊會越來越弱小

管理者，並不是和下屬比能耐，你需要做好的是管理、善於用人、讓比自己強的人為我所用，這才是一個優秀的管理者應該具備的才能。

許多企業管理者與員工們關係緊張，很難合作好，不是因為員工不合格，而是因為員工太過優秀。在企業中管理者面對一些比自己優秀的員工時，總是一副爭強好勝的樣子，處處要顯示出高人一等的樣子。此時如果員工比較聰明，懂得忍讓的話，那麼帶給企業的不利影響還小一點兒。倘若這樣的企業管理者碰上一個「愣頭青」式的員工，那麼將可能

會給企業帶來非常大的不利影響。因為墨菲定律一直在告訴我們：**你招的人比你弱小，他的下屬也就會不如他，一層層下去，企業將不堪設想**。

事實上，一個員工越能夠引起企業管理者的嫉妒心，只能說明這個員工非常優秀。學會與比自己更優秀的人相處，這是每一個企業管理者應該具備的能力。企業管理者如果因為員工比自己優秀就產生強烈的嫉妒心，帶給企業的損害就不僅是破壞企業良好的工作氛圍，還可能產生更嚴重的後果。

說起世界上著名的企業管理者嫉妒的案例，福特汽車公司的董事長亨利・福特恐怕是最典型的。眾所周知，他一手導演著名的「艾科卡事件」。

1978 年 7 月 13 日，「野馬之父，汽車之父」艾科卡（Lee Iacocca）像往常一樣來到美國密西根州的福特公司總部上班，但是當他走進辦公室的時候，迎接他的卻是一紙被解僱的人事命令。艾科卡在福特公司工作 32 年，從一個小職員一步一步做起，憑藉著過人的才華和優秀的管理能力，最終當上福特汽車公司的總裁，而且在總裁位子上一坐就是 8 年。艾科卡怎麼都沒想到自己會以這樣的方式離開自己為之努力奮

門一輩子的福特汽車公司。

　　事實上，艾科卡離開福特公司的原因並不是因為他的管理出現多大的問題，而是因為他的管理工作做得太好了——董事長福特實在非常看不慣艾科卡，因為艾科卡在福特的管理業績比他好很多，這讓一直自認為非常偉大的福特感到非常不快。在1960年代，艾科卡和公司的工程師們一起夜以繼日地設計新車，最終成功推出年輕人非常喜歡的「野馬」汽車。在推出「野馬」汽車之後，艾科卡又成功推出了「侯爵」、「美洲豹」和「馬克3型」等高級房車系列，這直接讓已經瀕臨破產的福特汽車公司迅速起死回生，而且還登上全美第二大汽車公司的寶座，僅次於通用汽車公司。當時，福特對艾科卡已經嫉妒到極點，凡是和艾科卡關係比較好的員工，不管是高階管理者還是中階管理者，都一律開除。一位一直對艾科卡比較崇拜的普通員工，在艾科卡離開之後郵寄一束鮮花，結果這件事情傳到福特的耳朵之後，福特立刻辭退這個連長什麼樣子都不知道的普通員工。這就是著名的「艾科卡事件」的始末。

　　在被福特辭退之時，艾科卡已經54歲了——這是一個非常尷尬的年齡，創業的話時間有點不夠，退休

的話又感覺自己還能工作幾年，所以艾科卡非常迷茫和痛苦。就在這個時候，已經瀕臨倒閉的克萊斯勒公司聘請艾科卡為總裁。於是，艾科卡又再一次回到自己喜歡的汽車行業。

令福特做夢都沒有想到的是，已經被自己擊敗的克萊斯勒公司竟然聘請那個自己非常嫉妒的艾科卡，更令他想不到的是——艾科卡率領的克萊斯勒公司很快就成為福特公司最強有力的競爭對手，最終使福特汽車公司讓出很大的市場，同時也讓出美國第二大汽車生產商的寶座。可以說，這一切都是因為董事長福特嫉妒比自己還優秀的艾科卡而惹出的禍。

企業管理者的嫉妒可能會讓非常優秀的人才流失，而這些優秀人才還有可能反過來成為其十分可怕的競爭對手。因此，企業管理者保持一顆平常心，儘量減少自己的嫉妒心就顯得尤為重要。

電影《天下無賊》中黎叔有一句經典對白：「21世紀什麼最貴？人才！」人才是企業的重要資源，是成功的保障，所以主管要善用比自己更優秀的人，讓企業的發展進入一個長久健康的良性循環。

對於管理者來說，妒賢嫉能無異於自掘墳墓，古人說：「師不必賢於弟子，弟子不必不如師。聞道有先後，術業有專攻。」這同樣適用於管理者和員工。對那些強過於自己的員工，管理者更要予以重用，使其各盡其才，各盡其能，讓他們能安心為企業奮鬥，用他們的才華鑄成企業事業的輝煌。

主管不懂下放權力，員工只有消極怠工

　　當企業有十分得力的幹將和人才後，信任才是將他們的才能發揮到極致的因素。將適合下屬的機會、職位、職責留給最有能力的人，這是管理者的「卓越」表現。

　　在現代企業管理中，常常出現這樣的情況：部門經理授權部下做一個專案，但部下剛做到一半，經理就打電話來追問案子的進度，所有的細節都要過問，並提出各種建議和要求。這樣的行為是企業管理中最不得人心的惡習，不僅大大降低員工做事的積極性，而且惡化經理和部下的關係。很多員工不是消極怠工，就是一走了之，更不用提團隊氛圍和工作效率了，結果往往是兩敗俱傷。這時，聰明的管理者不妨退一步海闊天空，效法道家無為而治的管理哲學。

貝爾實驗室是發明世界第一部電話機、設計第一顆通信衛星的研究機構。該實驗室負責人是美籍華人陳煜耀博士。有人曾經問他如何管理實驗室中頭腦聰明、個性獨立的下屬，陳煜耀指著他辦公室牆上掛著的一張條幅說：「憑這個。」這條幅上面寫著四個字：「無為而治」。陳博士解釋道：「最好的管理者是能幫助人，讓人感到不需要他。管理者的責任要做到你在管理，又要做到別人並沒有意識到你在管理。」

正如惠普中國公司吳建中先生所說的那樣：「對員工一定要相信他、尊重他，給他創造好的條件去幫助他們成功。經理的責任是幫助員工成功，如果經理用權力欺壓員工，就不是經理而是工頭。經理不能讓自己手下的員工不斷失敗，不能不斷炒員工魷魚。反之，這家公司就不是一個好公司。」

授權以後的充分信任等於給下屬一個舞台，一個機會，一個廣闊施展抱負的空間。授權以後充分信任對於管理者自身也有莫大的好處：把事情簡單化，有充裕的時間去思考重大決策問題。既然下屬主管完全能夠處理得好，主管何樂而不為呢？

越是有才華的員工，越期望能夠受到管理者的重視，能

夠被企業重用。授權是管理者對優秀員工最大的認可。但人的等待是有限的，如果員工一直得不到管理者對自己能力的認可，得不到管理者的一些實質性的回饋，他們就不會再期望於管理者。因此，管理者若是欣賞員工的才華，想要授權給員工，就要把握好良機。

　　李曉是一家百貨公司的總經理，由於這家百貨公司銷售部的經理已經離職，所以暫由李曉兼任。李曉發現，在銷售部中有一個員工表現非常突出，每個月的銷售業績都遠遠地超出其他員工，並且在關鍵時刻總能提出好意見，組織其他員工一起做好各項銷售活動。

　　李曉想要提拔這位員工，但又有些不放心，於是就一直被耽擱著。結果，三個月之後，這位員工辭職去另一家百貨公司，李曉後悔莫及，自己不僅錯失給員工授權的良機，還因此失去了一個難得的人才。

　　管理者在授權時猶豫不決，不能當機立斷地在最佳時機將權力授予優秀的員工，使得優秀的員工覺得自己懷才不遇

而離去。

關鍵的時機與授權本身同樣重要。管理者如果對被授權的員工的能力還有所懷疑，擔心在授權之後，該員工不能夠勝任，那麼可以在授權之後增加考核，及時監督審查被授權者的工作。若是一直默默地考察員工，沒有給員工傳遞自己欣賞他的才能的資訊，員工很可能會覺得你不重視他，因而選擇離開。

上下階層溝通不暢，團隊將會變成一盤散沙

企業管理者的決策在落實的過程中，涉及最重要的環節就是人與人之間的溝通，而溝通又分為有效溝通與無效溝通。表面上看雙方正在針對某件事情進行交涉，實際上卻沒有融入彼此之間的情感與想法，所以這樣的交涉是無效的。而有效的溝通可以及時將人與人之間的想法、資訊進行傳遞，增進彼此之間的情感與資訊交流，有助於雙方形成一種信任的關係。

有效的溝通對於企業管理者而言是十分重要的，因為它有助於管理者帶動員工形成一種企業風氣。這是由管理者的

身份決定的,因為無論是在企業或組織裡,作為主管者總是有一定的帶頭示範作用,這就要求企業的管理者要主動與員工進行有效的溝通,進而為企業員工樹立一種良好的風氣,使員工與員工之間團結,並為打造一支團結的隊伍奠定基礎。按照墨菲定律延伸出來的理論:**只有一支團結的隊伍,才能成為一支所向披靡的戰鬥團隊;一支各自為戰的隊伍,只會是一盤散沙。**

通用電氣前CEO威爾許(Jack Welch)就十分注重管理者與員工之間的溝通,為了搞好彼此之間的團結,無論每天的工作有多忙,都會抽出時間來與員工交流,即使是出差在外,他也會透過電話等其他方式與員工進行溝通與交流。威爾許認為,一名企業管理者,必須努力深入到每個員工的內心,讓他們感覺到企業的管理者對他們的關心與重視,才能夠充分激發員工工作的積極性。在威爾許的這種管理方式之下,除了每天處理一些必要的公司事務之外,他經常會深入到企業的各個部門,這也使得他能夠及時地瞭解到實行大裁員的過程中出現的某些失誤,並及時地糾正過來。

威爾許在執掌通用電氣最初的幾年間,對企業實

施大幅裁員，裁減近 1/4 的員工，致使超過 10 萬名的員工因此失了業，並撤換一些中高層主管，但威爾許在通用所做的這一系列舉措卻絲毫沒有影響到企業員工之間的團結，反而因威爾許完善用人制度，從基層提拔一批優秀的員工為企業的中堅力量，重塑員工的價值觀和人生觀，使得員工的價值觀和公司的價值觀密切吻合，有效提高企業員工的向心力，為通用成為行業霸主打下堅不可摧的基礎。

1981 年，威爾許在執掌通用電氣公司初期，公司的年銷售額是 250 億美元，盈利為 15 億美元，其市場價值在整個美國的所有上市公司中排名第十位。可是，經過威爾許數年在通用電氣公司推行目標化管理的改革，到 1999 年為止，通用電氣公司的年銷售收入實現預定的 1110 億美元，在全球排名第五，淨利潤達到 107 億美元，躍居全球第一位，而公司的市值則排名全球第二位。

在威爾許的帶領之下，通用電氣以全球第二的市值水準達到全球第一的淨利潤，意味著威爾許用少數的人賺取到更多的錢。在威爾許的管理下，通用電氣的盈利有大幅度提升，

這不能不說是威爾許的管理之效。不容忽視的一點是,在威爾許的管理下,雖然通用電氣的資金投入加大了,公司的部門與人員減少,但員工之間卻更加團結。因此才有通用電氣的高盈利。

威爾許用他一生的實踐再一次證明團隊溝通的重要性。他認為,在一個企業裡,一定會有20%左右的員工是持有積極向上態度的,有70%的員工是處於中間狀態的,而有10%的員工是態度懶散的。在威爾許看來,這是一個處於動態狀態的曲線,即其中每個部分的員工人數都是在不斷地變化著的。作為一個企業的管理者,他所要做的是,如何才能將這10%態度較差的人變為中間的,而將那70%處於中間狀態的變為積極向上的,使那10%最好的員工得到獎勵或是提升。這就是所謂的活力曲線,也是團結的力量。

威爾許用他一生的實踐並詮釋「團結就是力量」的義含,而在全球很多好的企業中,這樣的例子可以說比比皆是。管理之父彼得・杜拉克(Peter Drucker)雖然在他的著作《彼得・杜拉克的管理聖經》中反覆強調要想成為一名卓有成效的管理者就必須注重企業員工之間的團結,但他並沒有為管理者提出具體的方法。這是因為他認為,每個人的思維方式有所不同,那麼他為了搞好企業內部的團結所採取的方式,並不一定非要按著一個固有的模式去執行。無論運用什麼方

法,只要能夠達到企業內部的高度團結的目的,就能夠召喚員工的力量,打造出一支空前團結的團隊。

一個員工放錯位置,其他員工都會偏離

管理者要奉行公平的原則來處理自己和員工的關係。管理者和員工是平等的,管理者要放下架子和員工交流,尊重每個員工的人格和尊嚴,真誠地關心每個員工,才能與員工建立良好的互動關係。管理者還要公平地用人,不以員工與自己的親疏遠近來評定員工的能力,要唯才是用,以才能為任用員工的主要標準,使員工擁有發揮才能的空間和職位。墨菲定律中告訴我們:**若是用人無法做到公平,把一個員工放錯位置,剩下的員工將會慢慢位置偏移,最後良駒變成廢材。**

2003年中國新東方成立教育集團,花費人民幣100萬元委託普華永道重新分配高階主管和股東們的股份。創始人俞敏洪,因此被看成是家族企業和管理混亂的主要負責者,退居二線,擔任董事長。由胡敏

任總裁管理新東方,胡敏大刀闊斧,對新東方的組織和人事制度開刀。

胡敏對於新東方的內鬥和管理混亂,開出公司規範化的藥方。在胡敏的主持下,從股東會、董事會、監事會到總裁辦公會,從組織結構到職業化管理結構,在形式上從新東方建立起來。但問題是,胡敏的改革,並沒有觸及新東方管理弊端的內部。

實際上,新東方合理的利益分配機制尚未成形。這就產生新的問題,用江博的話說就是,「每一個人都想在新東方擁有什麼,又懼怕別人擁有更多」。僅僅一年後,宣佈把工作重心轉移到戰略和上市目標的俞敏洪,不得不重回新東方,收拾殘局;在混亂中,胡敏向俞敏洪遞交辭呈,離開新東方,另立門戶。新東方第一次專業經理人管理的嘗試,最終以大亂的失敗形式告終。

2005年,是新東方上市前的關鍵一年,管理的專業化、系統化要求遽然提高,俞敏洪迫切希望解決公司的管理短板問題。這一年,新東方第一次公開向全球招聘高階管理職位人才。面對媒體,俞敏洪按捺不住求變、求賢的心情,向外界呼喚:「現在新東方不缺優秀的校長和老師,許多中高階主管都是從最基層

提拔起來的,但急需專業的國際化人才,特別是在財務、市場、人力資源等領域。」

俞敏洪董事長,解釋他的這一舉動:現在新東方急需要這樣的專業管理人才,如在人力資源方面,可以為新東方搭建一套先進的十幾年不過時的平臺,在財務和運營方面也可以提出自己的看法和見解。新東方也將實行人才提拔雙軌制度,內部培養有潛力的人員,但這需要時間,而招聘的高階主管來了就能獨當一面。

隨後,一大批優秀的職業經理人空降新東方,打破內部的利益藩籬。例如,原來四分五裂、各條各塊一家獨大的主要依靠——財務獨立,隨著新東方CFO謝東螢的加入,會計師事務所審計、內部成本風險控制、協力廠商監督等新的財務管理制度建立,抵消新東方各個板塊的利益阻力。

隨著公開、公平、透明、風險可靠的財務制度建立,原來依附其上的內部鬥爭終結。在新制度的陽光下,新東方的人事、產品、業務,重新走向正確的軌道。管理者和員工各司其職,和諧的秩序初步建立起來。俞敏洪曾設想過的管理權和所有權兩權分立的新東方圖景,有條不紊,在專業管理團隊的打理下,漸漸清晰起來。

「很少有企業的改革像新東方這樣，從大亂實現大治。」俞敏洪這樣評價新東方的專業管理演進。在第一代新東方人給學生們留下無數傳奇的故事和個人英雄主義之後，新東方開始以規範化、制度化、完全透明的現代企業的形象出現。而新東方的上市，又從根本停止公司內部之間無休止的內鬨，同時也把補習班形式的短期教育培訓，推向產線的大規模製造之中。

　　如果比較一下中外企業的管理、制度體系和核心競爭力，中國企業的優點固然很多，例如人力成本低，市場利潤總體較高，增長潛力大，可塑性強等，但是缺點也十分明顯。大多數的中國企業，即便是民營企業五百強、在海外上市的中國概念公司，管理上都存在這樣或者那樣的缺陷。一些投資者，甚至是巴菲特，都對中國公司管理層的不成熟、非職業化、家族化集權、決策風險大等問題頗為敏感。

　　事實上，這些問題絕大多數都與管理專業化、系統化程度較低，以及內部管理和風險決策制度不完善有關。所謂管理的專業化和系統化，本質上都屬於管理人員職責和責任的專業、制度化問題。

　　管理者用人是否公平影響人才的引進和發揮。唯有做到公平地對待每一個人才，把每一個人都放在最合適的位置上，人才才會用才能回報管理者的公平。如果違背公平原則，

管理者就失去人心，失去人才就失去企業的核心競爭力。

你越猶豫，最後的結果可能越糟糕

對於現實中的人們來說，無時無刻都要面對很多選擇。如何做出正確的選擇，這關係到我們利益的最大化。許多人面對多種利益選擇，總是希望自己能夠將全部的利益都收入囊中。這種貪大裘全、錙銖必較的心態往往會使自己陷入畏首畏尾、顧此失彼的境地。

墨菲定律告訴我們：**你越猶豫不決、當斷不斷，最後所做出的決定越可能是最糟糕的**。

站在人生十字路口上，我們總要去選擇一個方向。周密計畫、瞻前顧後，固然能降低出錯的機率，但往往也會讓我們付出錯失良機的巨大代價。與其眼睜睜地看著機遇旁落，不如果斷做出決定。因為關乎人生方向的抉擇，從來都不是一道或對或錯的選擇題，任何一個決定都不可能達到盡善盡美境界。未來永遠都充滿未知和不確定，我們所能做的，就是當機會出現時，第一時間緊緊抓住它。

成功學大師拿破崙‧希爾（Napoleon Hill）25歲時，當記者的他有機會採訪鋼鐵大王卡內基（Andrew Carnegiel）。起初，採訪過程進行得很順利，可令人意外的是，卡內基突然提出一個問題：「你是否願意接受一份沒有報酬的工作，用20年時間來研究世界上的成功人士？」

沒有報酬的工作誰也不會願意接受，而有機會接觸到全世界最成功的人士，又是希爾一直以來的夢想。二者相權，讓他一時有些為難。可是，他突然意識到，這一定是一項具有挑戰性的工作，一個人的人生不應該平淡中度過。於是，他沒有多做考慮，堅定果敢地回答：「我願意！」

對於如此迅速的回答，卡內基有些意外：「你真的考慮好了嗎？」

「是的，我願意！」希爾更加堅定地說。

卡內基露出滿意的笑容，指著手錶，說：「年輕人，如果你回答的時間超過60秒，你將無法得到這次機會。我已經考察近百位年輕人，沒有一個人能夠如此迅速地給出答案，這說明他們過於優柔寡斷。所以，我認可你。」

在那以後，透過卡內基引薦，他有幸採訪到像愛

迪生這樣的世界知名人士。在短短幾年時間，他結識社會各界卓有成效的社會名流500餘人。他把這些人的成功經驗寫成一本著作，其後集結經驗出版《思考致富》，此書出版將近九十年仍十分暢銷。

希爾不僅成為美國享有盛譽的學者、演講家、教育家和擁有萬貫家財的暢銷書作家，還成為美國兩屆總統——威爾遜和羅斯福的顧問。

在回憶自己成功的經歷時，希爾說：「果斷是成功的救命草。沒有那天我堅定的應答，就沒有今天的成就。」在通往成功的道路上，我們每個人都能得到相等的機會，而差別就在於我們是否能夠把握住這些機會。

一個人總是瞻前顧後，徘徊不定，只會讓自己陷入尷尬兩難的境地。有些事遲遲無法決定，時間拖得越久，就會在各種矛盾糾結中感到痛苦，直到喪失大好良機。古往今來凡成大事者，都有一個共同的特點：處事果決，當機立斷。足球教練在比賽中能夠果斷換人就能扭轉敗局；軍事家在戰鬥中能夠果斷出擊就能夠把握先機；企業家在商場中能夠果斷決策就能夠無往不利。

菲利博・默卡爾，他是一家小型肉食加工廠的老闆，1975年3月，墨西哥發生豬瘟並且波及牛羊等家畜。聽到這則消息，當時還是一家小型肉食加工公司老闆的默卡爾突然意識到，這是一個千載難逢的商機。因為如果墨西哥暴發豬瘟，靠近墨西哥的加州和德州也一定不能倖免。這兩個州是美國肉食的主要供應地。到時候，肉食供應肯定會緊張，肉價也會一路飆升。

在其他人還在猶豫不決時，默卡爾果斷做出決定：集中公司全部資金，動用公司全部人力，在豬瘟到達以前到加州和德州購買大量豬肉和牛羊肉。不到一個月時間，默卡爾的公司就準備足夠多的肉類食品。

果不其然，墨西哥的豬瘟蔓延到美國。為了防止事態的惡化，政府下令：禁止加州和德州的肉類食品外運。這導致美國國內肉類食品短缺，價格暴漲。結果經過8個月時間，默卡爾的一個果斷決策就淨賺1500萬美元，為他以後的事業奠定雄厚基礎。

人生每天都是一個嶄新的開始，我們能左右的就是出發還是等待。生活中的機遇比比皆是，但機遇就像天空的閃電，稍縱即逝。因此，要抓住機會，果斷決策，心動之後立即行動。

英國小說家艾略特（George eliot）說：「世上沒有一個偉大的業績是由事事都求穩操勝券的猶豫不決者創造的。」果斷的人為了獲取成功往往敢於挑戰風險，即使做出錯誤的選擇也能夠迅速地糾正。所以，不要因為害怕失敗而瞻前顧後，大的成就往往始於果斷的行動。

不懂分析，決策永遠伴隨巨大的風險

　　風險就是指企業在未來發展中出現虧損的可能性。只要企業的一項投資存在虧損的可能性，就等於企業有風險存在。而企業雖不能完全避免風險，但企業管理者卻可以根據自己的調查分析規避一定的風險。因此對於管理者而言，有必要學會分析風險、管理風險。而在現代社會中，有許多企業就是透過高效管理獲取到財富，甚至成為同行業中的龍頭企業。在企業管理中，如果企業管理者能夠透過對風險進行分析和管理，學會提前規避風險，不僅能對企業實施有效管理，還可以為企業創造一定的價值。

　　對風險進行分析和管理的主要作用在於控制風險以及從危機中尋找機遇。管理者透過對風險的分析，可以運用各

種手段將風險指數大大降低，減少企業發展中可能存在的損失，甚至在風險中獲利。因此，如何對風險進行分析，對於任何一個管理者來講，都是一門必修課。墨菲定律告訴我們：**若不懂對風險進行分析，你的決策往往就是風險最大、最不靠譜的那一個。**

管理者實施管理的過程中，會不可避免地受到外界環境的干擾。此時，往往就會出現風險，這就要求管理者在進行投資時，一定要謹慎瞭解市場行情，對市場未來做出預測，為企業危機的風險量化處理。其實，任何事情都存在風險，投資也不例外。但是，如果一個人害怕風險，那麼他將與財富無緣。所以，企業管理者要拿出「初生之犢不懼虎」的勇氣，面對投資市場上的風險，而當學會分析風險、規避風險的時候，就會發現投資是鍛鍊自己的管理意志以及為企業實現夢想的方式。

在企業的發展歷程中，眾多企業家都在思索關於模式的問題，尤其是採取什麼樣的模式才能把企業做強做大，獲得更多的利潤，讓企業在競爭中脫穎而出。可以說，許多企業家都在盲目尋找最好的模式，而馬雲卻說沒有最好的模式。事實上，阿里巴巴的獲利模式就是根據其現狀和政治情勢創造出來的。

對於商業模式,馬雲有著自己獨特的看法。他認為,在企業的發展前期,如果發展趨勢比較好,獲利模式相對也比較成熟,這樣就會積累一定的客戶群,這對企業接下來的發展至關重要。但當企業進入高成長期,商業模式就顯得十分重要。企業進行擴張要符合目前的獲利模式,不符合獲利模式的擴張就像是吃了一塊石頭,而胃是不能消化石頭的。在國內,有不少企業面臨著這樣的問題:透過多年的努力,企業的規模上去了,但盈利卻讓人十分擔憂,這主要就是因為其規模和獲利模式不能同步導致的。在傳統行業裡,這種情況更為普遍,因此如何尋求好的模式成為很多企業家面臨的難題。

現在有不少企業已經找到其獲利模式利潤低下的癥結所在,漸漸放棄追求完美的獲利模式,而是根據市場情況以及行業目前的情況來確定模式,最終獲得成功。在這一點上,中國海爾集團選取獲利模式的思路和阿里巴巴相似。

海爾集團董事長張瑞敏認為:「企業的發展離不開好的獲利模式,而獲利模式沒有最好,只有更好。換句話說,只有符合企業發展需要的獲模式才是真正適合企業的。海爾集

團也曾經因為獲利模式的問題一度陷入困境，不合適的獲利模式一度導致海爾效率低下、缺少創新能力。透過摸索，張瑞敏找到適合海爾的模式，他認為企業高速成長的關鍵，在於企業能夠擁有好的獲利模式；這種獲利模式也許並不是最好的，但一定是符合企業發展的。適合企業的獲利模式將會進一步推動企業的發展。

企業的獲利模式事關企業的生存發展，也是企業在未來競爭中的利器。獲利模式沒有最好，只有最適合。事實上，最優秀的模式往往是最簡單的模式。考慮到市場需求和企業現狀，就能夠找到合適的獲利模式，贏得更長遠的發展。

而在現實管理中，任何企業的管理者都有責任去學習風險分析，因為它和日常的管理工作緊密相連。如果學習效果不明顯或者對風險分析出現偏差，不僅會讓管理者實施的管理失去價值，還會致使企業陷入低效的發展狀態。為了避免這種情況的出現，企業管理者有必要學會風險分析。

無法達成的目標並非太大，而是太過遙遠

這條墨菲定律揭示一個重要道理：在**現實中，人們做事之所以會半途而廢，其中的原因，往往不是因為這件事難度較大，而是覺得離成功太遠**。很多企業之所以會倒閉，不是因為他們的目標太大不可能完成，而是因為他們沒有給自己訂定階段性的目標，不懂得把大目標拆分成若干個小目標來完成。

若是管理者有了目標，並能夠用行動不斷地和目標對比和修正，當管理者能夠清晰地看到兩者間相近時，就會產生動力，並且自覺地克服困難，使得努力能夠達成目標。明確的目標對於人們的努力來說非常重要。

俞敏洪是一個善於將大目標分解為許多小目標的高手，他認為，如果將創業目標比作大房子的話，那麼達到終極目標的路程就是一個建造大房子的艱難過程。漂亮美觀的大房子，就是由一塊一塊磚頭壘起來的，這一塊塊的磚頭就是一個個被細化的小目標，沒有它們，終極目標的大房子就不可能建造起來。

俞敏洪的父親在村子裡是一個小有名氣的木匠，

因此，只要村裡誰家蓋房子，都會請他父親去幫忙。

俞敏洪有時會陪著父親去，看著父親給別人蓋房。漸漸地，俞敏洪發現他父親有一個很奇怪的習慣：每次幫別人改完房子，他的父親都會把別人不要的小石頭和碎瓦片撿回家，有時一兩塊，有時好多塊。而他父親在平時走路時，看到有磚頭或者是石塊，同樣會撿起來拿回家。

漸漸地，俞敏洪父親家的院子裡就堆放了很多大小不同的碎瓦片。這些東西在俞敏洪看來都是沒有用的廢物，而且還讓院子顯得很小，局促不堪。

但是，就在這些俞敏洪看來沒有用的瓦片和小石塊漸漸堆積成山后，他的父親又開始了另一項工作，就是在院子的一個角落裡測量尺寸，開始挖地基，接著用那些碎瓦片和小石塊拼湊著合著泥砌成牆。就這樣，那些俞敏洪嚴重沒有用的「廢物」，變成了一座有模有樣的小房。當房子建好以後，他的父親就把整天在院子當中亂跑的豬羊都趕進了這個小房，又把院子重新收拾一翻。就這樣，俞敏洪家的院子成了全村人都羨慕的乾淨院子，而豬羊也有了自己舒適的「小窩」。

俞敏洪對於這件事情印象十分深刻，在他的印象

中，父親就是一個能夠變廢為寶的「魔術師」，因此，在他的心中，一直都覺得自己的父親是一個很了不起的人。這件事帶給俞敏洪的另一個影響就是做人做事的態度。無論在大學中，還是在以後創立新東方的歷程中，父親的這股精神和力量一直激勵著俞敏洪。

俞敏洪對此曾說過：「從一塊磚頭到一堆磚頭，最後變成一間小房子，我父親向我闡釋做成一件事情的全部奧秘。一塊磚沒有什麼用，一堆磚也沒有什麼用，如果你心中沒有一個造房子的目標，那麼擁有天下所有的磚頭也是一堆廢物。如果只有造房子的想法，而沒有磚頭，目標也沒法實現。當時我家窮得幾乎連吃飯都成問題，自然沒有錢去買磚，但我父親沒有放棄，日復一日撿磚頭碎瓦，終於有一天有了足夠的磚頭來造心中的房子。」

後來，俞敏洪在一次講座中針對這件事說過這樣一段話：「一是做這件事情的目標是什麼？因為盲目做事情就像撿了一堆磚頭而不知道幹什麼一樣，只會浪費自己的生命。二是需要多少努力，才能夠把這件事情做成？也就是需要撿多少磚頭才能把房子造好，之後就要有足夠的耐心，因為磚頭不是一天就能撿夠的。」

做任何事都要先明確自己的目標。正如俞敏洪所說:「把所有的小目標加起來就是一個大目標,就像搬磚頭一樣。你搬一輩子的小磚頭,你就永遠辦不了大事,但是你有一個目標,要造房子,你就能成功。」

一滴滴水珠的匯合,就能形成一條大河,任何偉大的目標都不會一蹴而就的,哪個輝煌的成就不是由一個個不起來的目標匯集而成呢?

在對於目標的設計上,做事需要考量客觀的實際情況,不能夠全憑管理者一個人的主觀判斷來決策。應該讓每一個下屬都積極地參與其中,這樣才能更主動地發揮出下屬的積極性和創造性。只有這樣,企業才能設立自己參與的總目標,同時還能夠滿足下屬自我發揮的需求。任何一個組織或者企業,總目標的確立是目標管理的起點,但總目標還需要分解成若干個具體目標,由各單位或各部門透過具體目標再制訂嚴密周詳的計畫。這樣,總目標才能夠和分目標交相呼應,形成目標的鎖鏈關係。目標管理的核心就是將各個分目標整合起來,以目標來統一管理各團隊及個人的活動、驗收績效,實現制定的總目標。

設立目標的首要關鍵就是要做好詳細周密的計畫。因為,只有一個健全的計畫,才能夠讓目標得到更好的施行。一個健全的計畫要包括目標的建立、目標的實施方針、政策、

方法以及整體的選擇,同時應該要有各個目標完成的期限,這樣才能夠使各項工作循序漸進。當然,健全的計畫固然重要,但沒有有效的考核,同樣也是無濟於事。唯有合理的考核機制相搭配,才能評估和驗收目標的執行情況。再給予及時有效的回饋,做出合理的調整。唯有這樣,主目標才能夠一步步得到實現。

Murphy's Law

墨菲定律三

笑一笑,
　　明天未必比今天好

08 朋友間的交流，話少一點對方更願意聽

在你認同別人意見前，別人不可能同意你的意見

墨菲定律認為：**在你同意別人的意見之前，別人是不可能同意你的意見的**。每個人在考慮問題的時候，都是從自己的觀點與立場出發的，就算是小孩子也不例外。如果只是單方面去表達自己的意見，卻對別人的意見視而不見，那麼對方也將難以接受你的意見。因此，與其生硬地將自己的觀點強加到對方身上，用自己的觀點去「壓倒」對方的觀點，不妨換個角度，站在對方的立場上說話，降低對方的抵抗情緒。

這堂談判課，教授給學生出了一道題目，要求一三位學生分別和全班同學進行談判，讓每個人自願走出教室外。

第一位學生走上講台，對全班的同學大喊道：「我代表老師命令所有人都離開這個教室，馬上！」結果，

全班沒有一個人走出教室。

　　第二位學生走上講台，對大家說：「現在我要開始打掃教室了，不想被弄髒的同學請離開！」結果一部分人離開了教室，還有一部分人仍然留在教室內。

　　第三位學生想了想，走上講台，沒有說一句話，而是工整地在黑板上寫道：「各位同學，午餐時間到了，現在下課。」結果同學們爭先恐後地向餐廳跑去，很快教室裡就空無一人了。

　　故事中第一個學生想透過權威來命令別人，結果以失敗告終；第二個學生想透過威脅來說服別人，結果還是沒有成功；第三個學生懂得避實就虛，從同學們的心理著手，終於成功地把所有人「請」出了教室。

　　與人溝通或者是說服別人時，如果雙方都能換位思考，那是最好的。可是，一般情況下，彼此都只想到自己，會想著「對方應該怎麼做」，而不是「自己應該怎麼做」。如果雙方都這麼堅持，交談必然會陷入僵局。這時候，假如有一方能說類似「其實你說的也很有道理……」這樣的話，那麼僵局可能就會輕而易舉地被打破。

在某一個時期，戴爾・卡內基（Dale Carnegie）都會租用紐約一家飯店的舞廳舉辦幾天的講座。但時間久了，也許是飯店覺得這是個賺錢的好機會，就提出把租金提高兩倍。但那段時間，講座的票已經全部賣完，換地方也不可能，改時間也不現實，但突然就要多付兩倍的租金，戴爾・卡內基也不願意。於是，他找飯店的經理進行談判。

戴爾・卡內基說：「我剛聽說你們想把場地的租金提高兩倍，聽到這個消息我感到非常震驚。不過我理解你的做法，你的職責就是要讓飯店的利益最大化。不過，我是否可以和你借一張紙，我們來算一下，如果把場地租金提高兩倍，它會給飯店帶來哪些好處，又會有哪些壞處。」

飯店經理取過來一張紙，戴爾・卡內基在這張紙的中間畫了一條線，在線的左邊寫了一個「利」字，線上的右邊寫了一個「弊」字。然後，在利這一邊寫下了「舞廳，提供租用」，接著對經理說道：「若是這個舞廳是空閒狀態，把它作為舞會或者會議使用，租金是要比我的講座租金高很多。這對飯店來說，肯定是非常有利的。」

「接著，我們再來看一看它的弊端。最明顯的弊

端,就是你這段時間無法從我這裡獲得租金,而你臨時想要找到這麼多天連續租用你場地的顧客,也不一定能夠實現。如果你真的要提高兩倍的價格,我肯定負擔不起這筆費用,只能另找地方舉辦講座了。」

「其次,對飯店還有另一個弊端。因為我的講座來的都是有知識、有地位的人。這些人的到來,對於飯店來說本身就是一個很好的宣傳,而且這個宣傳還是免費的。即便在報紙上花大價錢做宣傳,效果也不一定會比我的講座來的好。這對於你們而言,不是一筆更大的財富嗎?」

戴爾·卡內基寫下這一利兩弊後,把紙折好,交給了經理,說道:「希望你能認真地考慮一下,然後告訴我你最後的答案。」第二天,卡內基就收到飯店經理的回覆,答應租金只提高一倍,而非原來的兩倍。

從戴爾·卡內基的這個案例中我們可以看出,卡內基在和飯店經理的溝通中,一句也沒有說如果場地租金提高對自己有什麼損失,而是一直站在對方的立場,算租金提高兩倍後對飯店的損失。最後,經理也從中看到了利弊,答應降低租金。卡內基雖然沒有達到按原價租用場地的目的,但接受

租金提高一倍的要求，而不是堅持不調動租金。這就讓雙方都得到利益，也是最理想的結果。

可見，要想有效實現共贏，就應當適當站在對方的立場上去思考問題、去說話，促成談判。千萬不可過於貪心，完全置對方的利益於不顧，言辭之間都只顧著自己的利益。

在商場上，要想贏得一個客戶，就更要想他所想，弄清楚他真正想要的是什麼。若是需要服務，我們就給予其最好的服務；若是想要低廉的價格，我們就拿出最大的誠意來表示自己的合作意向。只有在瞭解對方的想法之後，才能做出更好的回應。要想生意成交，就要儘量從對方的角度出發，讓對方體會到我們為其考慮的苦心和誠意。即便仍有些不盡如人意的地方，他們也會因為真誠態度與我們達成最終的協定。

總之，能從對方的角度考慮問題，就能滿足對方的要求，達到我們的目標，實現共贏。

最初你堅持的想法，
最後總會因為別人的意見而改變

人的一生要做出很多決策，從選擇什麼樣的工作到選擇怎樣的餐館，都需要做出決定，人們在決策時往往會受到他人意見的干擾。墨菲定律也告訴人們：**你的每次決策都會受到他人的干擾，改變自己的初衷。**

心理學中的韋奇定律（The Lewin's Law）也提到這樣的情況。認為：「即便你已經有了主見，但是如果有十個朋友看法和你相反，你就很難不動搖。」

有這樣一個寓言故事正好諷刺這種心理現象。

有一群青蛙要去參加一場比賽，比賽的規則很簡單，最先到達高塔頂端的青蛙就是勝利者。在比賽開始的時候，除了參賽的青蛙，還有多青蛙前來圍觀。比賽還沒開始，圍觀的青蛙們就開始指手畫腳地討論起來，紛紛對著那群參賽的青蛙說：「這座塔這麼高，你們想要跳上去是不可能的，何必要費力去做一件不能完成的事情呢？」就這樣，一群原本準備參加比賽的青蛙臨時棄權，宣佈退出。剩下的青蛙則沒有理會這樣的言論，準備向上跳。

逆轉墨菲定律　　179

比賽開始一段時間之後,圍觀的青蛙又開始說:「你們跳了這麼長時間,結果還是離塔頂那麼遠,就別費力氣了,你們是到不了頂部的。」聽完這些話,參賽的青蛙陸陸續續地退出比賽。最後,只看到一隻青蛙沒有理會任何言論,牠一直不停地跳,在經過很長很長的一段時間之後,終於到達頂部。這時候所有的青蛙都驚呆了,當把冠軍頒給這隻青蛙的時候,青蛙們才發現這隻青蛙能夠堅持到最後的原因是因為牠的耳朵是聾的。

　　每個人在一開始都有著自己的想法與堅持,但是這種想法與堅持都會由於別人的慫恿而動搖,導致他們最後無法忠於自己,讓自己變得不自信,而認為別人說的是對的。就拿簡單的走路來講,一群人出去遊玩,你提出要向左走,而其他的人則堅持向右走,這時候你還會堅持自己的想法嗎?

　　人確實應當聽取他人的意見,但是如果你的想法是對的,就請不要被他人所左右。自己認定的事情就要學會堅持下去,不要輕易更改,每個人都應當學會在還未聽之時不應有成見,在聽過之後不可無主見。

　　需要提醒大家的是,不管是別人的好心提醒還是惡意誤

導，對我們的生活來說都可能成為一種阻礙，一不小心就容易將我們的生活引向別的方向。一個人如果丟失自己的立場與主見，就成為風箏，只能被人拽著走、被風吹著走。

當你最高興的時候，總能說出最傷人的話

有位企業家曾說過：「當你經過千辛萬苦使你的產品打開市場的時候，你最多只能高興 5 分鐘，因為你若不努力，第 6 分鐘就會有人趕上你，甚至超越你。」這句話告誡我們，高興應該適可而止。一時的成績不代表永久的成功；如果得意忘形，一昧張揚、炫耀，只會帶來負面效應。而墨菲定律也告訴我們同樣的道理：**當你太高興的時候，總是會說出傷人的話語**。

低調的人都清楚：「得意時不要太張揚。」當你人生得意的時候，千萬不要在那些失意者面前談起你的得意所在，這就是為什麼在得意之時要慎言了。

王華和陳剛是好朋友，陳剛現在正處於人生低谷，王華特意約了幾個關係不錯的朋友來家裡吃飯，目的

是想讓陳剛的心情好一些。前不久，陳剛破產了，他的妻子還因此和他鬧離婚。因為這些，陳剛痛苦到極點。

朋友們都知道陳剛的境遇。所以，大家都避免去談與生意和家庭有關的事情，但其中有一位就很不識趣。這位仁兄前段時間賺了錢，酒過三巡後就忍不住開始炫耀他賺錢的本領，王華都看不慣他那個得意勁，而陳剛只是沉默不語，臉色不悅。後來，陳剛就藉故提早離開了。王華送陳剛出去時，陳剛憤憤地說道：「他再意氣風發也不必在我面前這樣誇耀！」此時，王華心裡難過極了。

當別人失意的時候，不要提及你的得意之事，這種做法是聰明的表現。因為人在失意的時候，心靈是最脆弱的，在那個時候你說出一件得意的事情無異於往人家的傷口上撒鹽，他會認為你是在故意挑釁。他會因此鬱鬱寡歡地離開，但不要以為他只是如此而已，他會在心中產生一種心理——怨恨。怨恨是一種深植於內心深處的反抗。讓事情更糟的是，這種怨恨一旦釋放出來，就可以毀滅你現在所擁有的一切。仔細衡量一下，這樣做是多麼愚蠢的行為啊！這樣做的後果

還會讓你失去一個朋友。如果一直這麼下去，你在社會上也就失去立足之地。

當上司晉升或嘉獎你的時候，你肯定會感到高興、得意。高興當然無可厚非，但是要記住不能忘形。如果你因為得到一點榮譽就翹起尾巴，不知道自己是誰，你就會因此而止步不前，這就很危險了。在你高興的同時，要記得告誡自己這與自己的職涯規劃比較起來，只不過是微乎其微的一點成績，所以不能高興得太早，還需要繼續努力。

2007年澳洲總理競選之時，37歲的布洛登被認為是最有可能當選總理的競爭者。但「未來總理」的稱號讓這位年輕的政治家有些失去自我了。

就在選舉前的某天，他去參加一個酒會，因為其多年的政治對手卡爾決定退出競爭，所以布洛登一口氣喝了6瓶啤酒以示慶賀，他還笑稱卡爾的馬來西亞裔妻子是「郵購新娘」。

卡爾聽說後不滿地表示：「他的話不僅深深傷害了我的妻子海倫娜，而且也刺傷了跟我妻子一樣背景的其他公民。」對此，布洛登遭到澳洲總理霍華德強烈的譴責：「那真是天大的錯誤。我很瞭解海倫娜，她為人熱情大方，怎麼能用那樣的言論來說她呢。」

後來，布洛登在記者會上對自己酒後的言辭表示道歉，迫於壓力，他不得不辭去自由黨主席一職，這意味著他將痛失成為澳洲總理的機會。

布洛登的得意忘形對他人的尊嚴產生一種挑戰與輕視，別人對他的排斥心理乃至敵意也就不自覺地產生了。人要學會「心張揚而神不張揚」。

小心謹慎的人，在得意的時候，總不會高興得太早，取而代之的卻是危機感。因為他們明白，一昧醉心於取得的一點成績，很快就會被別人擊敗。事實上，危機無處不在，無時不在。當你因為一點成績而高興的時候，實際上已經有很多人趕上並超越你。當你在某一領域取得一定成績的時候，你無須過分重視，因為你得到的成績已經成為過去，成了歷史。你的影子你不必留戀——哪怕它很輝煌，因為它畢竟只是個虛無的影子而已。要知道，如果你對自己的影子戀戀不捨的話，你就背離了照亮你的太陽。

在得意的時候，要學會謙遜。這是件很美的事，因為你會在平靜輕鬆的感覺中獲得內心的充實。如果你確實有自誇的機會，那麼，請將這一慾望抑制住吧，一旦你能抑制住這種慾望的話，你將會受益無窮。

遇到朋友借錢，拒絕不到位總會破壞友誼

在生活中，相信大多數朋友都遇到過朋友開口找你借錢的事。如果是關係不錯，或者信譽很好的朋友，若是手頭比較寬裕，借錢當然沒有問題。俗話說，好借好還，再借不難。但墨菲定律卻告訴我們：**好借肯定不會好還**。而最後當你不斷催促對方還錢時，不僅損失金錢，最後兩人還會因此失去友誼。而那時，相信很多朋友會後悔，當初要是沒借錢給他就好了。雖然大多數人有這樣的懊悔，但當朋友開口借錢時，很多人卻不知道如何巧妙地拒絕，才能避免借錢，同時又不喪失兩人的友情。

朋友借錢的時候，直接將拒絕說出口似乎是很多人都難以做到的事情。因為感情因素，或因為個性關係，或因為情勢所迫，沒有委婉地把「不」說出來，善良的人常常會違背自己的意願而借出自己辛苦積攢的錢財。

好朋友借錢一定也是有了難處，如果此人信譽一向較好，又是真的遇上暫時的「財政窘境」，俗話說「救急不救窮」，不妨適當地借給他一些。但是如果對方信譽不好或者借錢的目的含糊其詞，就要學會委婉地拒絕對方。如何拒絕才能既達到自己的目的，又不傷害朋友之間的和氣呢？

前不久，宋子霖升職了，收入也豐沃許多，向她借錢的人也多了起來。按說一些小數目的錢她也很爽快，因為她一直就是個慷慨的人，但是一些朋友想做生意或者結婚買房向她借錢，一開口就是幾十萬，這讓她非常為難。雖然幾十萬塊還能拿得出，但是這畢竟不是個小數目，但不借給朋友，面子上又過不去。

　　一次，朋友因為一些原因向她借錢，她就說：「因為打算買房子，我的錢都存了定期存款，手頭閒錢不多。這樣吧，我先看看我有多少，先借一些你應應急，要不我再問問我媽有沒有閒錢吧！」

　　朋友說：「怎麼好意思讓你動你媽的錢啊！我再問問別人吧！」宋子霖就這樣巧妙地躲過朋友借錢的請求。

　　不想借給對方，又擔心不能直言，不妨用用委婉的方式。當我們用委婉的語言拒絕對方，顯得很婉轉、含蓄，更容易被朋友所接受。比如，你可以說：「你怎麼不早點說？我手裡的閒錢上個月剛給父母更換冰箱、電視。我真的想借你，可是我真的無能為力。」或者「哎喲，提起借錢的事，我這還欠別人一筆錢沒還呢」。再比如，你可以說：「我婆婆生

病了,需要用錢。」或者「我弟弟上大學,剛給他交學費和生活費。」這樣說不容易傷感情。

　　陳書嘉夫妻倆前些年雙雙失業,就向銀行貸款做起小生意。兩人苦了兩年,終於把貸款還清了,生意做得越來越好,收入也頗為可觀,生活自然有了起色。陳書嘉有個同學叫宋志遠,是個遊手好閒的人,經常把錢扔在賭場或者新認識的女友上。前不久,宋志遠新認識不久的女友騙了他的一大半錢財,他去賭場發洩又輸了不少錢,就把心思放在同學陳書嘉身上。

　　一日,宋志遠找到陳書嘉說:「我最近想開個小吃店,手頭還缺七八萬塊錢,想在你這兒借點周轉,過段時間就還。」陳書嘉瞭解他的嗜好,知道他說的並不是實情,借給他錢,無疑是肉包子打狗。陳書嘉敷衍著說「好!再過一段時間,等我有錢把銀行貸款還了,就借給你。銀行的錢我可不敢拖,越拖越多啊。」宋志遠聽陳書嘉這麼說,沒有辦法,只好離開了。

　　有的時候可以用一些藉口推脫朋友借錢的要求,或者跟朋友說以後借給他,知趣的朋友也就明白你的意思了,比如

可以這樣說:「哎呀,晚了一步,我就能幫上你了。昨天我鄰居家裡老人生了病,急需用錢,就借給他應急了,現在手頭沒剩下多少了。等他把錢還我,我馬上借給你。」不過,有的時候找藉口推脫,比如說「我的錢都被父母管著」只能讓對方認為你擺明不想借給他錢。所以說,如果為怎樣拒絕感到為難的時候,不如直截了當,把你實際的難處說出來,讓對方知道你拒絕他的原因是什麼,他一定會理解的。

對於不拘小節善於幽默的人,可以用一句玩笑話表明自己經濟上的不寬裕,比如「你看我的臉乾淨吧?我的口袋比臉還乾淨呢」或者「我還想向你借錢呢,現在看來也實現不了了呀」。

朋友既然來借錢,也一定會做好被拒絕的準備。有的時候,得罪對方的原因並不是你的拒絕,而是你的拒絕方式。拒絕的方式得當,既不會傷和氣,也能達到目的。多學幾招,必定能從尷尬和為難中抽身而出。

太熱心,最終反而導致更多麻煩

中國戲劇《閒人馬大姐》。由蔡明扮演的馬大姐是個熱

心人，熱衷於處理街坊鄰里的家庭瑣事，並被傳為一段佳話。現實中，如馬大姐這樣的女人同樣不在少數，喜歡幫助他人解決一些能力所及的事情。

　　樂於助人，這當然是好事。著名心理學家阿德勒（Alfred Adler）曾經表示：「幫助他人，才是人類實現自我價值的最佳途徑。」不過，如果為了幫助別人，卻讓自己陷入另一種困境，這顯然不是一件好事。畢竟，需要佔用自己的大量時間，如果我們從不拒絕，勢必會忙得不可開交。只顧著幫別人的忙，自己的事情卻做得很少，這當然會降低自己的工作效率。

　　當然不可否認的是，總有一些人，會一而再、再而三地央求我們幫忙，甚至有些要求已經違背原則和底線。面對這樣的人，如果我們不懂得守住底線，依舊毫無保留地幫忙，那麼久而久之，就會被貼上這樣的標籤：「他這個人什麼忙都幫！以後有什麼事情都找他！」

　　就算像馬大姐古道熱腸、不上班，恐怕也不可能永遠義務勞動，永遠不忙自己的事情，更不會幫助一些壞人做壞事。墨菲定律讓我們明白一個道理，**幫助人是好，但是，我們也要保留自己的底線，拒絕別人得寸進尺！**

　　王睿珊大學時期就是學生會主席，很熱心幫助同學們。到了工作職場也是如此，很熱衷於幫助同事。

這個同事太忙，來不及做企畫，她就幫忙把檔案格式做好；那個同事中午加班沒時間吃飯，她也會幫忙帶午餐回來。所以，王睿珊在部門裡有很好的口碑。

這天，王睿珊的一個同事要連夜加班，於是找到王睿珊說：「王睿珊，我手頭有個客戶的資料，需要輸入資料庫，你能幫幫我嗎？」

王睿珊聽完，皺了皺眉頭，說：「公司有規定，客戶資料一對一跟進，不能隨便洩露，包括同事。再說，我晚上也有一件重要的事情要忙，這次真不好意思。」

「你，你怎麼這樣呢？請你幫個忙，又不是讓你幹什麼？」同事顯然有些不高興。

王睿珊義正詞嚴地說：「真的，不是不幫，而是公司明文規定。你說其他事，我推辭過嗎？我不能因為幫忙就壞規矩！」

有一個碰巧路過的新人莊羽聽到了她們的對話，急忙說道：「沒事，我來！你交給我！」

看見有人主動幫自己忙，同事當然很高興，將資料遞給莊羽就去忙了。王睿珊拉住他說：「莊羽，幫助人沒有關係，但是，有原則的事情，你不能就這麼……」

莊羽說：「王姐，你太小心了！沒事，我注意點就好！」

看著莊羽，王睿珊搖了搖頭。

沒想到，最後的結果還是讓王睿珊說中了。因為莊羽的粗心，那份重要的客戶資料輸入錯誤，還不慎在傳檔案時開啟共用，結果，客戶資料被洩漏，老闆大發雷霆。最後，還是王睿珊的求情，讓這件事得以解決。

莊羽有些不服氣，找到王睿珊訴苦。王睿珊說：「小莊，你要記得，雖然幫助別人可以讓你在部門裡有個好名聲，但是底線不能碰！第一，你不能耽誤自己的工作；第二，不能破壞部門的規矩。否則，到頭來吃虧的只有你！」

莊羽與王睿珊相比，顯然還太稚嫩。對於幫助別人，王睿珊很能拿捏分寸，首先是不耽誤自己的事情，同時還能守住底線。畢竟在工作中，每個人的職責都很明確，你沒有義務在別人的工作上插手，而且有時候你幫他做了，還會涉及越權問題，不僅不會得到好處，還有可能會被主管批評。但莊羽顯然沒有意識到這一點，結果出錯了。

幫助是需知分寸的,我們不能聽到對方有要求,就立刻放下手裡的工作去幫忙,更何況知道對方的要求是違反原則的。這就像一個不會游泳的人,聽到有人要你下河救人,你根本不拒絕就往水裡跳,這不等於自找苦吃嗎?

在現代社會中,很多人都是熱心愛幫忙的,這當然是一個好習慣,應該保持下去。畢竟,樂於助人無論在哪個時代,都是值得讚揚的。但有一點需要做到,是找一個平衡點,找到一個底線,在幫助人的同時,也能夠守住原則說「不」。

想要討好所有人,最後沒有人會滿意

在現實生活中,很多人都會不由自主地去顧及別人的評價,因為別人的閒言閒語而苦惱不已。其實大可不必如此,因為每個人都有每個人的生活方式,我們沒有必要因為不被理解而萎靡不振。墨菲定律也告訴人們:**世界上並沒有什麼成功秘訣,但是必敗的一條就是嘗試討好所有人!**

生活中,可能會有這樣的人——他絕對是眾人眼中的老好人,每個人說起他來都是點頭稱讚,對待家人從來都是任勞任怨、無微不至,對待自己的朋友也是真誠相待,哪怕

他對待一個路上遇到的陌生人，也會盡自己最大的努力去幫助別人。他從不會因為自己所受的辛苦和委屈而有任何的抱怨。

這種人似乎很完美，因為他有這麼一顆善良無私的心。但是心理學家卻認為，這種對他人過分友善，可能是一種病態。工作中，我們肯定有去討好某個人的時候，特別是在主管面前，行為舉止也大多會在意主管的目光，辦公室裡常常會上演在老闆面前點頭哈腰的一幕。

但是那種一昧地只想著去取悅他人的人，也要為此付出昂貴的代價。這種人似乎總是處於一種不安全的狀態，不相信自己，他們不能承受生活帶給自己的壓力和失敗，而且討好他人的時間一長，就會感到自己被孤立。就像巴巴內爾（Les Barbanell）在他的《揭開友善的面具》一書中寫道：「極端無私是一種用來掩蓋一系列心理和情感問題的性格特徵。」

工作中討好他人的手段肯定是需要的，因為一個人能力超群並不代表這個人就一定能得到老闆的青睞，你的能力比他人強只能說明你是一個好員工，一個優秀的員工。老闆會賞識你的工作能力，但是會不會器重你，還要綜合其他因素，比如你的人格魅力。

小琳家裡很有錢，大學畢業後，進入一家貿易公司工作。她自身條件其實很優越，但是因為從小就對出口貿易感興趣，所以她尋覓了很久，終於找到這家公司。

　　剛進公司時，小琳表現得異常熱情，對每個同事非常有禮貌。出於對他們的尊重，所以小琳每次有什麼問題要請教的時候，總會熱情地稱對方為「老師」，因為她覺得這是對他人最大的尊重。但是同事們對這個稱呼都覺得非常彆扭。

　　有一天，小琳為了答謝多日來同事們對她工作上的幫助，決定請他們吃飯。同事們都以為就是一般餐廳，沒想到居然是一家五星級的大飯店，這讓同事們都面面相覷，驚訝得不行。結帳的時候，櫃台給了小琳一張接近三萬元的帳單，小琳二話不說直接付錢，在座的同事覺得這頓飯太貴，都不好意思了。

　　出了飯店時間還早，小琳又說要請大家去KTV唱歌，但是同事們聽了都連連擺手，以各種藉口推辭離開了。

　　往後，小琳每天都會帶來各種各樣的小禮物，每次送的東西都不便宜。同事們自然也不好意思一直收她的禮物，也不好拒絕，於是只能又買了東西還禮。

漸漸地，小琳的這個舉動讓周圍的人越來越反感，後來到了只要小琳說要買什麼東西大家都直接拒絕她，而且還和她保持一定的距離。

遭到周圍人冷落的小琳心裡十分納悶，她對每個人都這麼好，為什麼大家會對她這種態度呢？

其實，小琳不知道，工作中重要的不是如何去討好他人，而是怎樣去提升自己。如果你只知道盲目地去討好周圍的人，反而會失去周圍人對你的尊重。

你去討好這個人的時候，也就證明你不如這個人。與其這樣不情願地討好別人，不如將更多的時間花在強大自身上。

討好他人也需要靈活運用，不是對誰都一昧地奉承，你將自己的尊嚴都丟棄了，還指望誰會來尊重你呢？這些人只會覺得你就是一個沒有能力的人，只會卑躬屈膝沒有自我的人。所以，討好他人的舉止一定要慎重。

09 你想要的越多，最後發現得到的越少

年輕時拼命賺錢，年老後花錢看病

健康對每個人的事業與家庭幸福都是非常重要。但是在年輕的時候，往往不懂得珍惜健康。學生時，消耗身體熬夜通宵。剛工作時，趁著年輕拼命奮鬥。當最後奮鬥成功，有了錢了，卻發現落下一身病，又明白身體的重要性，為了健康又不惜花錢。墨菲定律告訴我們：**當你忽視什麼的時候，它就會從你的身邊溜走**。健康更是如此。因此，我們應時刻記住，不管發生什麼事，都不應忽視自己的健康，沒了健康，我們便會失去一切。

一個年輕人總覺得自己沒有錢，人生沒有任何意義。他來到寺院對一個禪師說：「我每個月都在為房租煩惱，別人開著跑車，自己只有一輛自行車，沒有錢，也沒法追求漂亮的女孩，我這樣的人，活著到底

有什麼意思?」

禪師說:「剛才也有一個人來我這裡,問我活著有什麼意思。」

「難道他也沒有錢?」年輕人問。

「不,他非常有錢,但他已經沒有什麼興致去花錢。」禪師說,「他是個五十多歲的大富翁,但因為常年勞碌,身體各個器官都出了問題,走路只能靠拐杖,過不久大概就要坐輪椅。他非常羨慕年輕人,說寧可用全部財產換一個健康的身體。那麼,是你的話,你願意和他換嗎?」

「我不願意!」年輕人立刻說。那一刻,他覺得自己其實挺幸運。

人生在世,每個人都在尋找快樂。可惜,快樂這東西不是你想要就能得到,不論是事業上的成就,感情上的歸宿,學業上的進步,這些快樂都需要一段相當長的時間,在這個過程中,我們要保證的就是身體的健康。沒了健康,只能在病床上聽到事業的成功,看到愛人忙碌的身影,或者收一張自己根本無緣享受的錄取通知書,這樣的快樂有什麼意義?甚至不能叫快樂。

逆轉墨菲定律

健康是無價的,每一個健康的人,本身就是一個大富翁。一個人應該把健康擺在生活的首位,健康就像數字的第一位,如果它是零,後面的數值再大,也不過是個零,沒有什麼比擁有卻不能享受更讓人灰心喪氣。

健康也是個大問題,現代人不重視健康,他們認為身體馬馬虎虎,不生病就行。但是,沒有人是一下子就病倒的,都是在長年累月的勞累中一點一點損傷身體的功能。或是常年的懈怠中,沒注意到身體的病變。這種慢性衰老很可怕,在你察覺到的時候,身體已經在走下坡路,等到病重的徵兆出現,你甚至來不及補救,糊裡糊塗就躺在床上,你所做的一切努力,也變成此刻的醫藥費。

「趁年輕要多打拼」,這是喬生的座右銘。他今年29歲,靠著優秀的能力和勤奮的態度,已經買好房子,也是公司倚重的管理人之一。他是有名的工作狂,恨不得一天二十四個小時都在工作上,就連和女朋友的約會都講求效率。

他的女朋友在醫院當護理師,是個漂亮開朗的女孩,喬生很滿意。理解喬生的「工作狂」,女朋友說:「現在過勞死的人這麼多,你再這麼下去,就算賺到了錢,也不過是支付醫藥費。」喬生對此不以為然。

女朋友有她的辦法,她總是要求喬生帶她出去玩,要求喬生不能在假日工作,每天晚上也要接她下班。喬生覺得這女孩要求真多,但因為喜歡,他也只好把多餘的工作推掉,抽出閒暇時間和女友在一起。不得不說,這種勞逸結合的方法,非但沒讓喬生的工作減量,還大大提高他的工作效率,讓他再也不會因加班過度而頭腦昏沉,需要大量喝咖啡提神。

　　喬生已經做好未來的打算,和女友結婚後,會儘量按照女友的意見安排工作和休息時間,增加運動和戶外活動。就像女友說的,打拼重要,身體更重要。

　　身體是奮鬥的本錢,身體健康才能打拼事業。但是,如果夜以繼日的勞累,耗費體力和腦力,再好的身體也會支撐不住。等元氣大傷,再想補回來,就不知道要耗費多少時間,所以,趁著健康的時候惜福養身,才能有更好的精神面對事業。

　　千萬不要因為一時的快樂或拼搏損害自己的健康,要保證良好的睡眠和營養、足夠的運動與休閒。人的身體是一台精密的儀器,經常活動潤滑才能保持運轉良好。如果每天都在超負荷地運轉,很快就會報廢。

幸福的生活需要自己去創造,在創造之前,先要保證自己有資本去做,也有資本去享受,做了不能享受,不是智者的行為。

你努力得到的,最後都得努力地放下

一位名人曾說過:「這世界上有八成的人太彷徨、太猶豫、太懶惰,但有兩成的人活得太努力,太努力也是會彷徨的。但是,你還是得努力,到最後,再來放棄你的努力。」這和墨菲定律不謀而合,**你越是想要努力得到,最後越是無法得到。**

一個人在二十幾歲時可以無所顧忌地跳槽,可能是因為他還沒有自己的人生定位;而一個三十多歲的人選擇放棄已經獲得的成功,重新開始新的事業與生活,那必定要有堅忍不拔的勇氣與毅力。

余藍從大學法律專業畢業,一畢業先到一家工廠,做起了作業員。那時的她堅信,改變命運的方法就是考律師。

最終,她拿到律師資格證書,也順理成章地成為一名律師。從事律師近三年後,她遇到一位來自香港的老闆,其人格魅力對她的性格產生潛移默化的影響。這位老闆給她一個舞臺充分施展,余藍從此成為銷售人員。

其中的得失可謂一目了然。但是,余藍完全適應新的挑戰。在銷售工作中,最大的感受就是:既然改變不了客戶,就只有不斷地提升自己。

五年後,她獲得人生的第一桶金:能力、經驗、人際關係以及一些原始資金的累積。不僅如此,在做銷售期間,公司發展迅速,公司的培訓總是跟不上。因此,每次到總公司培訓完之後,回到自己的部門,她又照葫蘆畫瓢地做公司內部的培訓。

於是,她將自己培訓時聽來的東西和自己實際中遇到的問題結合起來,再用自己的語言講述出來。她發現每次講完之後,回響非常好,大家改變也很大,之後的業績也蒸蒸日上,因為她講的完全是從實務經驗中得到的。慢慢地,她發現自己在講台上非常有感覺,那種狀態就是:無論心情好壞,身體是否舒服,只要一站在講台上,就會特別投入,神采奕奕,感覺也特別好。就這樣,她放棄從事五年的銷售工作,選擇去做一名專業的培訓講師。

其實,在面對每一次選擇和放棄之際,她的內心一定不平靜,肯定經歷權衡得失平衡的痛苦。所幸的是,她承受因失去一些東西而帶來的痛苦,才有在未來的領域中獲得更大成功的可能性。

儘管如此,大多數人還是不肯放棄——為一個放棄了也不會損失什麼的工作而糾結;為一個不愛你的人而痛不欲生;甚至捨不得放棄自己的惆悵和憂鬱。

也許她們在思考:什麼該放棄,什麼不該放棄呢?殊不知,為了那些難以割捨的東西,人們卻放棄了生命中最重要的事情。諸如,父親為了事業的成就與責任,放棄孩子們的童年;女人為了愛情而放棄自己生命可能挖掘的深度;戀人們為一時的斤斤計較和面子之爭放棄了愛情⋯⋯

無可選擇的人生是無奈的,而無從選擇的人生則是可悲的。雖然失去是痛的,但是人生不就是在經歷一陣陣痛後才逐漸圓滿的嗎?

因此,女人必須明白這樣一個道理:選擇和放棄是道單選題,只有 A 或 B,沒有 AB。

當然,這樣淺顯的道理,卻會給「是選擇還是放棄」的人增添困惑:選擇越多,失去也越多,後悔也越多,痛苦也越多,就像泰倫斯所描繪的「我周圍都是洞,到處都在不斷地流失」的狀態。

關於這一點,2002 年諾貝爾經濟學獎得主丹尼爾・康納

曼（Daniel Kahneman）經過研究提出解釋：失去100元帶來的痛苦，遠遠大於得到100元帶來的滿足。可見，得到某些東西的希望，根本無法安慰和撫平可能失去什麼的不安。

好吧，從此刻開始，收拾好心情，自信地向前。錯過花，你將收穫蝶；錯過他，你才會遇到真命天子。也只有繼續走，你才能收穫更多的幸福。

一個人的快樂，並非由他擁有的多少決定，而是由他計較的多少決定。擁有的多，是負擔，事實上是另一種失去；少，並非不夠，而是另一種富餘。捨棄也不一定是失去，而是另一種擁有的方式。

每天追求完美，卻看不到缺陷之中也有美

每個人都在追求完美，甚至有人為了追求它而花費一生的時間。我們知道，人們在追求完美的過程中可以不斷地完善自己，充實自己，使自己變得越來越優秀，這是一種積極向上的表現。但是，如果我們過分地追求完美，那就是一種病態了。此時的完美就是一個美麗的陷阱，誘使我們陷入泥潭，受盡折磨。

無論什麼事物，都有它的極限，如果抱著不能得到理想中的結果就不罷休，同時置事物本身於不顧的態度，那我們只會嚐到苦澀的果實。墨菲定律告訴我們：**這個世界上存在的東西都有層次，有時候，瑕疵和缺憾也是一種美。**

　　有的人認為，自身的完美主義體現的是一種對生活的認真態度，是一種積極、正確的行為。其實不然，過分追求完美會讓你失去生活的樂趣，因為你對完美的嚮往已經完全蒙蔽你的雙眼，讓你看不到沿途的美景。過分追求完美會讓你很累，因為無論你怎麼努力都不能達到所謂完美的地步，你會否定自己所有的努力和汗水，抱怨命運的不公。

　　我在旅遊時遇到過一位六十多歲的單身老人，過著到處旅行、流浪的生活。他每天都忙忙碌碌，每天都愁容滿面，似乎是還沒有找到想要的東西的緣故。

　　我當時問他在找什麼時，他說：「我在尋找一個最完美的女人，我要娶她為妻！」

　　我繼續問他：「找了那麼多年，去了那麼多地方，難道你就沒有見到過一個完美的女人嗎？」

　　「有的，我碰到過一個，那是僅有的一個，她真是一個完美的女人！」

　　「那你為什麼沒和她結婚呢？」

老人嘆了一口氣,滿臉無奈地說:「可是,她也正在尋找一個完美的男人並與他結婚!」

　　這位老人之所以還是孑然一身,究其原因,都是追求完美惹的禍。老人因為堅持完美,因而錯過很多原本可以擁有的美好東西。他不明白,完美是不存在的,生活更不可能有完美的結果。因為追求完美,人們便會對不完美的東西不屑一顧,這常常會使我們失去很多機會。所以,無論是做人還是做事,都要面對現實,從實際出發。

　　只有學會不苛求生活中的瑣碎小事,不一昧地追求完美,才能擁有更輕鬆的生活。可是,完美主義者卻偏偏給自己設定一個十全十美的目標,所有的事情都要求自己做到最好,一旦得不到預想的結果就會深深自責甚至沮喪消沉,繼而徹底懷疑和否定自己,完全被完美主義所束縛。這樣的生活豈能輕鬆?豈能快樂?

　　很久以前,在乾旱的沙漠邊緣地區住著一位牧人,他的家裡非常貧窮。他很羨慕富人的生活,幻想著自己有錢的那一天。然而,現實總是殘酷的,他還是過著自己原來的生活。

一天夜裡，牧人夢到一位天使對他說：「我是幸運之神，住在一百里外的石洞裡。你來拜訪我吧，不管你有什麼願望，我會滿足你的。」

牧人感到很興奮，決定前去一探究竟。第二天，他騎著駱駝出發，走了兩天兩夜，水和食物都完了。就在他饑渴不堪的時候，他看見前方果然有一個發出七彩光芒的洞穴，走進洞穴裡，他見到光芒四射的天使。

天使把一個紅箱子送給他，說道：「這個寶物可以讓你改變一切。我教你一句咒語，只要你唸了，再把心裡想要的東西告訴箱子，之後你打開箱子，你想要的東西就會出現在眼前。但有一個條件，它只可以使用一次！」

牧人很感動，此時他又饑又渴，便問天使：「我現在最需要的是一頓飯。你可以滿足我嗎？」

天使說：「可以！」接著天使又交給他另一個藍色箱子：「這是另一個寶物。我教你另一個咒語，只要你唸了，再把心裡需要的東西告訴箱子，之後你打開箱子，你需要的東西就會出現在眼前。它也只可以使用一次！」天使說完後，就消失不見了。

牧人太興奮了，趕緊對著藍色箱子唸了咒語，要

一些食物和淡水。打開箱子,他的願望果然實現了!

次日,他帶著萬分高興的心情回去了。一路上他唸了咒語,把一件件的願望告訴那個紅箱子。牧人首先想到牧場,於是他告訴紅箱子,他要一片牧場。有了牧場之後他覺得還需要一片果園,可是只有果園並不完美,所以他又要了一座花園,但是只有花園怎麼足夠呢?他還需要一幢宮殿,並要求房子的庭院裡有一個大水池。而水池底下也不能光禿禿的,要綴滿寶石,池裡有音樂噴泉,池上又有鴛鴦、天鵝等等。另外他想到回到家後,再叫他的太太把她所想要的東西一一告訴寶箱。直到他覺得自己的人生擁有這些東西足夠完美之後才停下來。

一路上他非常高興,一天之後,他發現食物越來越少,水也快喝完了。他有點懊悔,抱怨道:「當時要求的食物和水太少了。」但他又想:「不要緊!再堅持一天,到了家打開紅箱子,那麼一切就都有了!」於是,他忍著饑餓和口渴,在沙漠裡緩緩地前進著。

第三天,他實在熬不下去,從駱駝身上倒了下來,手裡抱著的紅箱子也掉在地上。這時,牧人實在撐不住了,於是伸手把紅箱子的蓋子掀開。頃刻間,他的願望全都實現了。

只是他要的花園太大了,房子在遠遠的另外一端,他要通過花園才能到家門口。他拼命地向前奔跑,跳進水池裡。跳下去之後,他才想起自己根本不會游泳,於是使勁掙扎,但身體卻不聽使喚,一直往下沉。他要求的水池太大了,也太深了,他的腳根本構不到池底。

就這樣他沉下去,最後,他看見綴滿寶石的池底,還沒來得及高興,就溺死了。在溺死前,他還在拼命掙扎,腦海中只有一句話:「誰來救救我啊!現在我想要的都已經出現在眼前,我的人生即將圓滿了,可是一切都完了!」

為了追求完美,這位牧人不停地要求,不停地索取,不想卻因此而丟了自己最寶貴的生命。

世界上沒有絕對完美的藝術品,也沒有絕對完美的人,更沒有絕對完美的生活。過於追求完美的人,常常會束縛自己,總想把夢幻中的美景帶到現實中的人一樣,經常會感到沮喪和失望。你應該靜下心來想一想,如果身邊的一切真的很完美,那麼為什麼還會有那麼多的人叫喊「不公平」呢?

我們總是希望自己不犯錯誤,把任何一件事情都做得完

美無瑕,因此一旦犯了錯,沒有把事做到完美,就常常會自責、抱怨,在精神和肉體上承受巨大的折磨。其實何必這樣呢?完美是不可能達到的,人只有懂得滿足才能享受到生活的樂趣。所以,無論做什麼事情,只要我們真正努力過就應該感到滿足,一昧苛求完美是沒有意義的。

要學會為自己的努力成果喝采,哪怕只是一點點,這樣才能有成就感,才是正確的選擇,用這種心態才能正確面對生活中的不如意。換一種心態看待生活中的殘缺,或許我們就能看到一片輕鬆的天地。

在貪婪人的眼中,快樂是遙不可及的慾望

只要是人都有慾望,並時刻被慾望包圍,抱怨、痛苦、快樂、幸福⋯⋯不過,這就是生活,酸甜苦辣鹹五味俱全,一樣也不缺。有位哲人說過:「人的慾望就像是一座火山,如不控制就會害人害己。」

我們一定都曾在電視上見過賭徒在賭場中的情景:贏的人固然開懷大笑,輸的人亦是頓足捶胸,但是不管是輸是贏,總之是沒有誰願意輕易離開。但墨菲定律告訴我們:**你越是**

想贏，就只會輸得越多。而身為賭徒，還有一個心理，贏的人想贏得更多，輸的人想翻回本錢。最後贏的人會輸個精光，輸的也只會輸得更慘。

所以，我們活著，最重要的就是克制自己的慾望，懂得適可而止、懂得知足常樂。唯有這樣，我們的生活才會充滿快樂，才會感覺到幸福的滋味。

快樂是我們內心的一種感受，它就在我們身邊，我們每天都可以見到它。但是，在貪婪的人眼裡，快樂卻總是很遙遠，他們苦苦追尋快樂，卻一直沒有收穫，徒增很多煩惱。

有一個國王得了重病，御醫對此束手無策。

王后問國王：「怎麼樣才能讓你恢復健康呢？」

國王回答說：「我是國王，享盡人間的榮華富貴，但是我卻感到不快樂，我當國王還有什麼意義呢？」

王后說：「這該如何是好啊？」

「去尋找一個天底下最快樂的人，我想知道他快樂的原因。」國王答道。之後，王后將國王的話傳達給了王子，讓他去尋找天下最快樂的人。

王子知道托比是天下最富有的人，應該是最快樂的，先去找他。來到托比的住處，王子說明來意，誰知托比一臉愁容，無奈地說：「王子呀，我沒有一天

感到快樂啊!」

王子不解,問道:「你已經非常富有了,為什麼還不快樂呢?」

「我的目的是賺到天下所有的錢,這個目標還沒有實現,所以我不快樂。」

王子只好來到鄰國,面見了鄰國國王,並說明了來意。鄰國國王說:「我跟你父王一樣,整天都忙於國事,根本就快樂不起來。」

王子告別了鄰國國王,繼續尋找。有一天,王子遇到了一位智者,他告訴王子說:「人間不存在快樂,只有苦難和憂傷。真正的快樂在天堂。」當然,王子沒有相信他的話。

接下來,王子又遇到了不同職業的人,但他們的答案都不能讓他滿意。直到有一天,王子遇到了一個乞丐。那天,王子正在樹下嘆氣,正好被這個乞丐看見了。

乞丐問:「年輕人,天氣這麼好,你還嘆什麼氣啊?」

王子見是乞丐,十分惱火,呵斥他說:「關你什麼事啊!」

乞丐沒有惱怒,反而是笑了笑,說道:「前面有條小河,天氣這麼熱,不如我們去泡泡水,去去暑意,

想必多快樂啊。」

「快樂？你連飯都吃不上，還會快樂？真是太可笑了。」

「即使吃不到飯，用野果充饑也不錯的。」

「那你晚上怎麼睡覺？」

「地為床，天為被，多麼寬敞啊！」

「那你身上有錢嗎？」

「錢財是身外之物，我一個乞丐要錢幹什麼？錢太多了容易被人算計，我才不想自找麻煩呢！」

王子又問：「那麼權力呢？」

乞丐哈哈一笑說：「權力算個什麼東西？靠權力過日子的哪個比我快樂呢？」

王子問：「你一無所有，到底憑什麼這麼快樂？」

「年輕人，我並不是一無所有，我擁有一切太陽、月亮、春風、細雨、鮮花和無數的食物。這些都值得我快樂。」

王子恍然大悟，拉著他立即奔回王宮。

如果你感覺不到快樂，那麼你現在擁有的一切都不會讓你感到快樂。其實，這就是你快樂的理由——要你珍惜眼前

所擁有的一切。

人總是會有很多慾望，總是在不停地追求，認為得到了財富以後，自己就會變成一個快樂的人。得到以後才發現，自己原來並不快樂，於是財富成為沉重的枷鎖，將快樂擋在門外。快樂的方法就是打開枷鎖，讓自己變輕鬆。一個人有追求的目標，才會有成功的機會，追求可以成為一種快樂，慾望卻永遠都只是生命沉重的負荷。

詹姆斯在成為富翁之前，是一個窮小子，他每天穿著舊衣服，吃著殘羹剩飯，非常羨慕街上那些坐馬車的富人。他常常幻想：「如果哪天我成為有錢人，那麼我就是一個快樂的人了。」

有一天，幸運真的降臨到詹姆斯的身上，他撿到一袋珠寶。最初，詹姆斯想獨吞這袋珠寶，但他轉念一想，還是決定將珠寶歸還給它的主人。於是，他在那裡等了兩天，終於見到珠寶的主人。這個丟失珠寶的人對詹姆斯大為讚賞，也非常感動，當即決定贈送半袋珠寶給他。

誰知，詹姆斯卻拒絕接受珠寶，並說：「先生，我不想要這些珠寶，我想靠勞動成為一個真正的富翁。」珠寶的主人看著詹姆斯說：「我專門做珠寶買賣，

既然你不要珠寶，那就跟著我做生意吧，不過這袋珠寶就算是你的本錢。」

後來，詹姆斯跟著珠寶商人做起了生意，慢慢地賺了不少錢，成為一個富翁。為了賺到更多的錢，他併購他人的店，幾年之內成為一個真正的珠寶大亨。他終於過上上流社會的生活，經常參加聚會和晚宴。在宴會上他跟客人談笑風生，可是客人一旦離去，就剩下他一個人，他變得一點也不快樂。他想娶一位女子為妻，可是這女人是因為他有錢才嫁給他，這使他感到非常痛苦。他的珠寶店還被人搶劫過，於是他生活得戰戰兢兢，每天都擔心自己的財富。

直到有一天，詹姆斯遇見一位流浪漢，見他臉上時刻都掛著陽光般的表情，便命人將他請進辦公室，問他：「你生活這麼貧苦，為什麼還能這樣快樂？我如此富有，卻為什麼感受不到快樂呢？」

流浪漢對他說：「您看我一無所有，而您卻是背負著眾多的慾望，怎麼會快樂呢？」聽完流浪漢的話，詹姆斯茅塞頓開。從那天開始，他決定做一些有意義的事情，比如幫助流浪兒童和無家可歸的人，做一些公益活動。這麼做之後，詹姆斯又有了笑容，覺得自己此時是真正快樂的。

慾望是個金托盤，是潛伏在人心裡的一種病毒。人的慾望沒有滿足的時候，如果自己的意志不堅定，就會讓慾望有機可乘，自己也最終會陷入無窮無盡的重負之中。不僅如此，慾望過重還會讓人更加難以獲得快樂。所以，一個人要想過得快樂、輕鬆，就一定要減少一些慾望，多一些淡泊。只有這樣人才不會為慾望所控制，不會被慾望侵蝕心靈。

曾經有一個人每天都努力工作，可就是無法取得別人那樣的成績，甚至連自己的小小願望都無法實現，為此他很苦惱。有一天，他去拜訪一位智者，跟智者抱怨生活不如意，並請智者指點一條道路。

智者沒有說話，而是給他一個小籃子，讓他走一步就撿一塊石頭放進去。那個人按照智者的話去做，沒一會兒，籃子裝滿了石頭，很重，所以那個人累得氣喘吁吁。智者此時才對他說：「現在你明白你感覺生活累的原因了嗎？那就是因為你的生活中有太多的慾望，還充斥著一些無用的東西，這些加起來讓你難以承受。所以你感覺到生活很累。」

我們每個人來到這個世上的時候,都有一個小籃子,在成長的過程中,也都在撿石塊,撿了第一塊,就還想撿第二塊,越撿越多,結果欲壑難填,被慾望塞滿了內心,失去了快樂。要想多一些快樂,少一些抱怨,那就不妨少一點慾望,多一點淡泊,求得內心的平靜和安詳,才是明智的選擇。

哪兒有什麼最好的?適合自己的就是最好的

每個人總是在社會或生活中追尋最好的時候,墨菲定律告訴你:**當你追求最好的同時,它也就離你而去**。因為世界上並沒有最好的,只有最適合自己的。當你妄想去獲得別人認為最好的,就會忽略最適合自己的。

每個人在社會中都有自己的角色,都有自己適合做的工作和任務,如果從事不適合的工作只能讓你得不償失,毫無功績。

很久以前,有一隻烏鴉非常羨慕在高空中翱翔的老鷹,很想像老鷹一樣來一個漂亮的俯衝,抓住草地

上的小羊。於是，烏鴉天天模仿老鷹的動作拼命練習。過了很多天，烏鴉覺得自己已經練得很棒了，就從樹上猛地衝下來，撲到一隻山羊的背上，想完成老鷹那樣完美的動作。但是，由於烏鴉的身子太輕，並沒能把山羊抓起來，爪子也不小心被山羊身上的毛纏住了，它拼命地拍打翅膀，想要從山羊的背上逃脫，卻都失敗了。前來趕羊的牧羊人看見了，把烏鴉抓起來。烏鴉不但沒能像老鷹那樣抓住小羊，盲目模仿上演一場悲劇，把自己的性命交到牧羊人的手裡。

只要有常識的人都知道，俯衝抓羊的動作適合老鷹，卻不適合烏鴉。但是，這隻可憐的烏鴉卻以為自己能成為一隻像老鷹般的烏鴉，簡直荒唐可笑。可是在一笑而過後，你是否有那麼幾秒鐘的頓悟，是不是也在這隻烏鴉身上看到某個時候自己的影子？曾幾何時，你是不是也像這隻烏鴉一樣，因為看到別人的光鮮，就盲目地跟從，做出一些不適合自己的事呢？

就像人在買鞋買衣服時一樣，6號的腳就只能穿6號的鞋，高大的身材不能穿小號的衣服，一定要最適合自己的尺碼才最舒適。即使是再昂貴、再精緻的東西，如果不合適你，

也只能當作擺設，它本身的價值也就得不到表現。

　　如果一個人總是在將就與勉強中度日，那將是一件多麼痛苦的事。如果你選擇了不適合自己的路，這就像穿上了不合腳的鞋走路一般，將會異常艱辛，甚至會把自己陷入無法自拔的沼澤。

　　適合，對我們來說太重要了。感情中，我們要找到適合的伴侶，這樣才有一起營造幸福；事業中，要找到適合的工作，這樣才有奮發向上的動力；生活中，要找到適合的人生方向，這樣短暫的一生才不會遺憾重重。

　　很多時候，也許你的適合得不到身邊人的理解，甚至會遭到強烈的反對。可是，如果你覺得那是最適合你的，就一定要堅持，因為只有堅持，才能讓時間證明你的正確。如果因為得不到認可就委屈放棄，最後一定不會只是遺憾那麼簡單。能對自己的人生負責的只有自己，除了自己，沒有人會為你的錯誤選擇買單，連最親近的人也不能，所以在聽取別人意見的同時更應該問問自己，這適合我嗎？當然，你堅持自己的選擇的前提是，必須經過深思熟慮後確定適合自己的。

　　李晨輝工作了好幾年，最後卻辭職，自己開家小吃店。他放棄令所有人羨慕的工作，不僅讓周圍的人

吃驚不已，更是遭到家裡人的強烈反對，他父親甚至以斷絕父子關係相要脅。

　　為這個李晨輝很苦惱，他和他父親談道：「我在公司裡每天重複同樣的工作，拿著固定的薪資，工作沒了熱情，覺得年輕人應該多闖多拼，我希望能透過創業更快地成長，就算失敗也無所謂，畢竟我還很年輕。」這樣他父親才勉強同意。經過幾年的磨練，酸甜苦辣都嘗盡的他變得比以前更成熟穩重了。看著頗有成就的兒子，他父親終於釋懷地笑了。

　　所以說，適合自己的才是最好的。不要一昧地邯鄲學步，因為適合他人的不一定適合自己。不要勉強自己去做自己根本無法做到的事情，那樣有可能適得其反。只有找準適合自己的位置，才能更加得心應手，取得更好的成績。

開心也是一天，不開心也是一天

　　一個人的時間是有限的，只有一輩子。或許你會覺得一生太短了，不夠實現你的夢想與理想。但從古至今，那些妄想千秋萬代的帝王，也沒有能逃脫帝國興衰、王朝更迭的命運，最終湮沒於歷史的長河中。在日月的運轉中，一個人的一生更顯渺小。

　　人就這麼一輩子，開心也是一天，不開心也是一天。昨天不可追，明天也將變成昨天，過了今天就不會再有另一個今天的一輩子。做錯事不可以重來，一分一秒都不能再回頭，你能做的，唯有珍惜眼前，過好每一刻。痛苦追悔也挽救不了過錯，自怨自艾更不能改變事實，碎了的心難再癒合，倒不如淡然面對，放寬心態，無論悲喜，全身心地享受無法複製的今天。

　　給自己一份好心情，這是人生不能被剝奪的財富。墨菲定律提醒我們：**如果你還在為昨天的失意而懊悔，為今天的失落而煩惱，為明天的得失而憂愁，好心情將會離你而去。**幸與不幸的人生，終究會殊途同歸。你春風得意抑或憤憤不平，所擁有的生命長度，不會有絲毫改變。心態好，心情才會好。做真實的自己，按自己的意願去生活，擁有這一輩子。

一位富奶奶與窮奶奶成為鄰居。富奶奶所居住的是一棟華麗的洋樓，在洋樓對面的不遠處，有一間破舊的紅色磚房，窮奶奶住在裡面。每天早上，富奶奶都會到附近的公園去散步健身，在去的途中她會碰到去市場賣菜的窮奶奶，每次窮奶奶會主動笑著向她打招呼。富奶奶幾乎每次看到窮奶奶時，窮奶奶總是面帶笑容，富奶奶不明白有什麼事值得窮奶奶開心的。在富奶奶看來，窮奶奶穿著簡樸，一大把年紀了還要自己種菜賣菜賺取生活費，她不是應該感到累而不快樂嗎？富奶奶看到過窮奶奶的一兒一女，平常在外地工作，不過逢年過節會回家小住。平時一個人居住的窮奶奶不感到孤獨嗎？

　　儘管每天去鍛鍊身體，富奶奶的身體還是比較虛弱。雖然大病沒有，但小病卻不斷。富奶奶又生病了，這次比較嚴重，住院一周。在富奶奶出院後，窮奶奶聽說了這個消息，便帶著自家種的新鮮瓜果前來看望她。兩個老人聊了很久，富奶奶忍不住道出了自己的諸多疑惑。窮奶奶笑著一一解答她的疑惑。

　　窮奶奶的日子是清貧的，但她很滿足這種生活。兒女也很孝順，每月會給她足夠的生活費，只不過窮奶奶身子骨很健朗，她喜歡自己種些蔬菜瓜果，然後

到市場上去賣,再換取其他的生活所需品。窮奶奶很珍惜這種自給自足的日子,也養了雞鴨與貓狗等小動物,在勞動中也就不會感到日子無聊。富奶奶最後問道,為什麼每次窮奶奶看起來都很高興呢?窮奶奶沒有直接回答她,而是反問道,那為什麼要不開心呢?

看著仍舊笑著的窮奶奶,富奶奶陷入了沉思。她只有一個兒子,兒子有穩定的工作,並一直陪伴在她左右。可她總是擔心兒子工作太忙,會顧不上吃飯,不能照顧好自己,又擔心兒子公司的事情會太多,壓力會太大,對身體不好。富奶奶總是不由自主地想到這些,老伴勸慰她,可她還是整天焦慮不已,身體自然憂思成疾。

富奶奶把自己的苦惱告訴了窮奶奶,窮奶奶又問她,你兒子那麼能幹,你為什麼不想到工作對於他來說是輕而易舉的事?至於照顧自己,他已經是成年人了,為什麼不能照顧好自己?

被窮奶奶開導一番,富奶奶想通了,心情也漸漸變得開朗起來,生病的次數也減少了,笑容也爬上了富奶奶的臉上。她始終記得窮奶奶最後說的那句話——人就這一輩子,何不讓自己開心點?

如果具體用時間來衡量人的一生，約莫九百多個月，一個月過去了，便少了一個月。過了今天就不會再有另一個今天，即使後悔，也回不到昨天，一分一秒都不會再回頭。只有有意義地過每一天，才能拓寬生命的寬度，不虛度此生。

時間是自己給的，累了就該歇一歇

在現代快節奏的生活中，每個人都加快步伐，為了生計或是夢想，拼命向前跑。為了過上想要的生活，人們總把自己的神經繃得很緊，似乎除了追趕的那個目標，周圍的一切都可以忽略無視。整天在焦慮和匆忙中度過，甚至在忙碌中忘了快樂與自己。

的確，想要取得更大的成就與輝煌你必須付出加倍的努力。你想來一場嚮往已久的旅行，卻以沒有時間而不能實踐。這就是墨菲定律所說的那個迴圈：**當你有時間時，總發現自己沒有錢；當你有錢時，總發現自己沒時間**。彷彿魚和熊掌，總是難以兼得。當自己有錢有閒的時候，恐怕已經韶華不再，步入老年。那時候的精力體力，則不允許你遠行了。

其實，錢少有錢少的玩法，可以跟朋友自助旅行，選擇

免錢的地方去遊覽風光；時間不夠的話，可以選擇近一點的地方，帶上自己的家人，度過愉快的假期。如果你總是感嘆，有時間沒錢，有錢沒時間，那只能說明一個問題：你不會品味生活。只有會品味生活，才能感受到彼此間的溫情，嗅到道路旁花草的清新和芬芳，體會到冷暖於四季中輪迴。你可以為了理想去打拼，但不能一直讓自己處於奔跑中。在忙碌之餘，放慢自己的步伐，給自己預留釋放的時空，一點自由思考的時間，不忽略沿途的風景，感受大自然的靜謐與寧靜，獲得一份高遠和清新。

　　李梅梅覺得自己的人生像一杯溫開水，平平淡淡。她是一名教師，從畢業至今，在這個職位上已有二十餘年。李梅梅並不喜歡教師這一行業，因為她不知道自己喜歡什麼，也就按照父母對她人生的規劃生活著。在她工作兩年後，父母認為李梅梅應該嫁人了，於是李梅梅透過相親認識現在的丈夫，半年後兩人結婚，然後生了孩子。

　　如今四十多歲的李梅梅每當回想往事，她就只覺得自己前半輩子只做了三件事，那就是讀書、工作、嫁人，她覺得自己後半輩子應該也就這樣一成不變地過下去。相比較身邊的同齡人，李梅梅的模樣絕對稱

不上老，可她覺得自己已經老了，心老了。循規蹈矩的生活，都料想得到明天的生活，後天的生活，甚至一年後，幾年後的生活。沒有任何變化，沒有任何熱情，千篇一律。李梅梅也曾想要有所改變，可當她嘗試插花、刺繡、看電視等活動時，仍舊沒什麼興趣。

　　李梅梅看著兒子結婚，然後是孫子的出生。退休後的李梅梅負責帶孩子，但新生命的來臨並沒有給成為奶奶的李梅梅帶來太多歡喜。李梅梅越來越習慣一個人發呆，思想與行動變得遲緩，漸漸地，一種了無生趣的念頭佔據李梅梅的腦袋。待家人發現李梅梅這種不太健康的狀態時，已經很嚴重了。醫生診斷李梅梅的病情，並確診為老年癡呆症晚期。對於患上疾病，李梅梅也沒有表現出驚訝抑或是恐懼，她平靜地接受治療。只是，並沒有好轉，反而越來越嚴重，家人明顯感覺到李梅梅對生活樂趣的缺失。對於李梅梅的生無可戀，家人想盡一切辦法，無論是藥物治療還是心理治療，並沒有什麼起色。

　　迷上攝影對於李梅梅來說是偶然的一件事。當李梅梅看到鏡頭中捕捉的大自然的鮮活畫面時，一種新生的感覺從心底萌芽，開出花來。李梅梅買了一台相機，在說服家人後，獨自上路。她把自己交給大自然，

沉醉於自然的一草一花一樹葉，身心都投入自然的懷抱。半年後李梅梅回了一趟家，家人詫異於渾身充滿活力的她，並為她的重生感到由衷的高興。之後，每隔一段時間李梅梅就會出去，走向自然，讓身心得到放鬆，感受大自然賦予她的溫暖與歡欣。

給自己留有時間去休息與調節，日子才不至於過得忙碌而乏味。時間是自己給的，輕鬆也是自己給的，即使生活充滿瑣碎和繁雜，累了時，就應該放慢腳步，放鬆自己，讓心靈得到緩衝。用心感受這個世界的存在，你會發現人生中有很多東西值得我們靜下心來細細品賞。

詩人康斯坦丁・巴爾蒙特（Konstatin Dmitrievich Balmont）曾說：「為了看看陽光，我來到世上。」大自然是天生的藝術家，連綿的青山、波瀾壯闊的大海、一望無際的草原，都足以讓你陶醉其中。享受大自然的美好，並永遠把這份美好珍藏起來。

總之，無論處於人生的哪一個階段，無論是煩悶還是不愉快，都應該讓心靈得到寧靜，用心體驗每一個有意義的過程。煩惱並非你所願，但你可以走向大自然，接受大自然的洗滌，偷得浮生半日閒。

10 花朵總會凋零,那也無法荒蕪了春色的盎然

改變世界過於妄想,改變自己的想法易如反掌

墨菲定律告訴我們:**你越想忘記某件事,那件事越是記憶清晰。你越想放下時,越容易被它牽絆住**。我們的人生中,總會掉進墨菲定律的這個迴圈,會感覺到有一些事情牽絆著我們,也總是無法放下一些事情,很多的東西讓我們看不開,使我們心情沮喪。其實,只要仔細琢磨一下,我們的人生中並沒有多少事情是真正的麻煩,也沒有什麼事情真的可以讓人手足無措,只要我們擁有一顆淡然的心,能夠放下自己心裡的執念,那麼就沒有什麼事情能夠牽絆住我們,也沒有什麼事情能夠左右我們的情緒。

心誠則靈,放開執念會更輕鬆。很多時候,我們總是告誡自己遇到事情的時候要看開一些,但是有一句話說出了我們的真實情況,那就是「事不關己,高高掛起;事若關己,內心則亂」。面對發生在他人身上的事情,我們尚能做個局

外人,保持清醒的頭腦;一旦事情發生在自己身上,那麼自己曾經引以為傲的定力估計都會消失在九霄雲外。這就是因為我們的執著,我們所謂的看得開,其實不是真正的看得開,真正的看得開是一種釋懷,是出自心靈深處的放鬆。

在很久以前,在非洲的一個國家,人們都是不穿鞋,赤著腳走路的。

國王有一次去一個偏僻的鄉下,那裡路面崎嶇,十分難走,細碎的石子深深地刺痛了這位國王的腳板。於是國王回到王宮之後,頒佈一道命令,要把國內所有的道路都鋪上牛皮,他覺得只有這樣,自己的國民走在上面,才不會被崎嶇的路面刺到腳板,自己是做了一件利國利民的好事。

可是國王忘記土地遼闊,這麼多的道路,即便是把國內的牛全部殺光,也遠遠不夠鋪路所需的牛皮,而且花費的資金、人力、物力,更是難以想像。人們深知國王頒佈一道愚蠢的旨令,而且這件事情是非常難以做到的,但是沒有人敢違抗命令,所有的人都敢怒不敢言。

但是,有一位聰明的大臣,這個時候便大膽地向國王提出了建議:「敬愛的國君!我們為什麼要花費這麼多的金錢、人力、物力和資源呢?何不用兩小塊

牛皮包裹住腳,這樣也節省了很多的資源呀!」國王聽了之後覺得非常有理,十分高興地收回成命,採納這個建議。於是,後來便有了「皮鞋」。

改變世界過於異想天開,但是我們可以嘗試改變自己去適應世界。如果你現在正處於艱難的環境中,或者你對現在的現狀不滿,那麼不要抱怨,改變一下自己的想法和心態,努力去適應去面對,一定很快便有轉機。

其實在我們的生命中,很多時候都會執著於某件事情,對於無法得到的一個東西總是抱有不切實際的幻想;有時候甚至為了得到那樣東西,做到那件事情,即使弄得頭破血流也執意而為,但最後的結局往往是不盡如人意的,那就是在一無所獲的情況下,白白地浪費掉了自己的努力或者青春。這是為什麼?為什麼我們總是喜歡執著於那些東西,難道那些東西在我們的生命中真的是無可替代的嗎?不,說實話有時候我們執著的並不是那些東西的本身,而是那一顆已經陷入執念的心。所以,如果能敞開自己的胸懷,放下那顆執著的心,那麼我們的人生就不會有那麼多的悲傷,生命中也就不會充滿難以驅散的迷茫,當然生活也就不會有那麼大的壓力、那麼多的彷徨。

安迪森遭遇前所未有的不幸，股市的狂跌使得他半生積攢下來的財富在一夜之間消失殆盡。

　　這個現實讓安迪森無法接受，他感覺自己幾乎無時無刻不被悲觀、絕望包圍著。一天晚上，安迪森沮喪地在一座大橋上徘徊。望著橋下奔流的河水，他似乎聽到有一個聲音在對他說：「跳下去吧，跳下去吧，只要向前多邁一步，一切就都解脫了。」

　　就在這時，安迪森忽然聽見不遠處傳來一陣低低的哭泣聲。他順著聲音找了過去，發現一位女子正俯身在不遠處的欄杆上，看樣子，她哭得很傷心。看到這樣傷心的人，安迪森暫時忘了自己的痛苦，走上前去問：「小姐，恕我冒昧，請問你哭得如此傷心，是發生了什麼事嗎？」女子轉過頭，看見安迪森一臉友善，便向她訴說起自己的不幸遭遇。原來，這位女子被相愛多年的男友拋棄了，於是便覺得人生從此失去了意義。

　　安迪森聽後，不禁笑了起來，說道：「原來只是這樣，那你完全沒有必要這樣難過，回想一下，在你沒有和這位拋棄你的男友結識之前，你不是也曾活得好好的嗎？」女子聽了安迪森的話，似乎茅塞頓開，於是她很快地擦乾眼淚並露出了笑容：「我懂了，謝

謝你，以後我一定不再為了這個而難過了，我會好好珍惜自己的。」說完，十分誠懇地向安迪森深深鞠了一躬。

望著女子漸漸遠去的背影，安迪森也回想起了自己的日子。我在安慰別人的時候那麼理智清醒，為何換到自己頭上就不行呢？想當初，我不也是兩手空空嗎？如今，只不過是重頭來過罷了。

於是，安迪森一身輕鬆回到家。第二天，便滿心歡喜地去了阿拉斯加。他憑著自己的信心和毅力，對當地的地質情況進行了深入的分析，並在別的石油公司撤走之後，接手廢棄的鑽井，繼續開採石油。

沒過多久，安迪森就將炒股失去的錢再次賺了回來。

有人說過，過去的就讓它過去吧，就像雲煙會隨風飄散一樣。我們不應該沉浸在過去已經發生而且無法改變的事情當中，那只是昔日的惆悵或者輝煌。無論何時，我們都應該相信，時間確實是可以沖淡一切。不管你曾體驗過的是辛酸苦辣、肝腸寸斷的困境，還是曾擁有過何等輝煌的事蹟，都會在歲月的流逝中漸漸被磨平。所以，我們根本沒有必要讓往事束縛住自己的手腳或讓自己過多地沉浸在或甘或苦的回

憶中。佛說，執著是苦。把那早該埋葬的是是非非從殘碎的記憶中抽出來埋葬掉，反而會成全另一份美麗。

　　人生一世，升沉不過一秋風。「升」是指人生處在上升期，這個時候感到春風得意、意氣風發是再自然不過的，只要你掌握好，適當地表達這些情緒能夠從中體會到自我價值的實現，得到一定的心理滿足；「沉」則是指人生處在低谷期，這時如果長時間深陷在情緒低迷、自我否定之中，則不僅不利於走出陰鬱，更加不利於今後的發展，想不開就走不出來，就不能夠自我調節達到情緒的平衡，也不能保證自身情緒的穩定性，那麼如何去做好其他事情呢？

　　將過去的一切放開，輕鬆地做回自己，讓自己過得更加開心，更加快樂。凡事沒必要太過執著，否則只會讓我們感到疲累，只要我們肯放開執念，放下牽絆，那麼我們的生活會更輕鬆，人生也會更幸福。

你想回頭看看青春，青春卻早已不再

　　如果說人生是一場旅行的話，那麼在這趟旅行中無論是翻山涉水，還是走過峽谷，越過山峰，都要保持一顆無所畏

懼的心,才能慢慢爬上生命的最高峰,看到別人看不到的風景。很明顯,關於這一點誰都不會否認,人的一生都是短暫的,如果我們總是停滯不前,總被眼前的風景所吸引,就一定看不到遠處更美好的風景,那除了遺憾就沒有別的了。

生活中的很多人,他們生活中的原則是努力向前,向著自己最初的目標前進,而他們的目標卻是他人的生活模式。這讓他們中的每一個人時時刻刻都不放鬆自己。只是時間易逝,等到他們回過頭來的時候,自己的青春早已不再,生命中最美麗的時光被錯過了。這就如墨菲定律所說:**當你發現某一珍貴的事物時,它早已離你遠去。**

薩伊特34歲就當上副市長,正當他在仕途春風得意之時,自己所管理的城市發生了一場火災,因此被免職了。當時,僅僅上任3個月。薩伊特被免職以後,身邊還是不乏一些地位十分顯赫的朋友,譬如高官、富翁和大財團的董事等等。他們每當談及薩伊特時,紛紛扼腕歎息,認為薩伊特在被免職以後心裡一定很痛苦,至少會來求他們幫忙。怎知,被免職的薩伊特很淡定地回到故鄉,開始過上普通人的生活。

薩伊特在故鄉的生活就彷彿是一個農夫,在自家的院子裡闢了一小塊菜園,種起各種蔬菜,日子過得

也是愜意。閒暇的時候薩伊特走村串巷，在各地收集一些民間陶器，這也是他日常的愛好。鄉村的生活讓薩伊特感覺很舒心，自己不用去理會他人的富貴，更不用羨慕他人的生活方式，只要生活過得簡單就好。

薩伊特憑藉自己的知識和才能，在收藏領域不久就有了成就。幾年過去了，他家裡的收藏品中有幾十件世界頂級的民間珍寶，前來向他詢問藏品買賣的人也是蜂擁而至。薩伊特開啟收藏品買賣，他的每一筆生意都高達上千萬美元。漸漸地開始有人問薩伊特，為什麼可以在收藏業上有如此大的成就。薩伊特回答說，「其實答案並不難，好好地做自己，別去羨慕不屬於自己的生活，只要清清靜靜地過日子就很容易讓自己沉靜下來，可以安心去鑑別珍寶」。

薩伊特明白自己過生活的重要性，才讓自己擺脫煩惱，也讓自己在收藏事業有成就，最終成為世界級收藏大師。的確，很多人在生活當中常常被打擾，並因此感到十分不安，原因很簡單，就是自己為他人的生活模式所干擾。因為自己總在羨慕別人的生活，因此變得混亂和迷茫，最終不得安寧。與其去羨慕別人的生活、失去自我，不如好好過自己的生活，

讓自己平靜悠然地生活，這樣才會從容不迫地過好自己的日子。

常有人說：「美好的風景在別處。」這話當中包含對未來生活的一種幻想。渴望改變現有的生活狀態情有可原，也沒有太大的過錯，只是如果因為重視將來卻放棄對現有美好的珍視，那就有點得不償失了。而且，別處的風景也不是每一次都很美。

人們天天都努力認真地工作，只為自己創造一個美好的未來。年輕時的自己總為將來的自己憂心忡忡，擔心自己未來是不是會很美好，而如今的自己已經實現從前的夢想，可是卻還在期盼著一次又一次的改變，總希望看到自己更遠的將來生活。

當自己還是剛入職的新人時，每天趕捷運公車，辛勤地工作，忙碌地生活，那時候的願望不外乎就是有一個自由自在的假日，可以睡到自然醒。但是那時候的自己是否想過，正當幻想自己能不能過得更好的時候，還有多少人在羨慕自己衣食無虞的日子。

當自己已經成長為職場精英時，自己的想法就越來越多了，再也不願和從前一樣總是聽上司的呵斥，於是想過轉職跳槽，甚至幻想自己某一天也能成為呵斥他人的上司，為此感到得意洋洋。只是自己在這個時候是否想過，就算可以呵

斥自己的屬下，如果不是最高的管理者也還是永遠會受到頂頭上司的教導！

或許有人會反駁，自己已經做到最高管理職，就不再需要當受氣包。這種想法顯然也有所偏頗，事實上不是每一個人都可能成為最高管理層中的一員。即便是當上了，最高管理職也不是什麼問題都沒有，他們也有自己的難題所在。世上從來沒有免費的午餐，老闆所付出的每一筆薪水當然都希望獲得的回報是物超所值。可想而知，位居最高管理職的人們工作壓力也是相當巨大，他們所承受的壓力幾乎可以說是和他們所拿到的薪酬成正比。

所以說，當上最高管理職難道就是最好的未來了嗎？顯然不是。所謂不在其位不謀其政，沒當上老闆之前自然是不會明白當老闆所擔當的風險。

因此，握在自己手上的幸福才是最真實的。

無論如何，現在的生活狀態對於每個人來說都是現實中擁有的，每個人都要對此有知足的心態，別再想生活在別處，暫時放下對別處風景的幻想吧！每個人都有一片屬於自己的天空、自己的土地，有自己的快樂和幸福，用不著總去思考他人的生活方式有多優秀，有多幸福，生活過得如當下才是最好的追求。

失去就失去吧,沒什麼大不了的

我們知道,在得到某件東西或某項成就之後,總不免有喜悅之情湧上心頭;如果是失去某件東西或某項成就,那麼我們就會陷入深深的沮喪當中。成則喜,敗則憂,這是人之常情,任何人都不可避免。

然而墨菲定律告訴我們:**有時當你對成功極度渴望時,迎來的只會是失敗**。當你對失敗灰心喪氣時,它又再次給你迎頭一擊。所以,在這期間,要學會調整自己的心態。很多人在成功和得到時可以縱情歡樂,但在失敗和失去時卻很少能夠將悲傷情緒合理排遣。

《大腕》這部電影是馮小剛導演的,在劇中敘述的是北京青年尤優為國際大導演泰勒承辦葬禮的故事。因緣際會,尤優認識國際名導演泰勒,並得到身體每況愈下的泰勒的承諾,替泰勒舉辦一場別開生面的葬禮。

為了把葬禮辦好,尤優找到好友路易王。在路易王的策劃下,兩人將泰勒的葬禮辦成一場撈錢的表演。隨之在葬禮即將舉辦、兩人將成為百萬富翁之際,卻得到了泰勒病情好轉的消息。尤優為此躲進精神病院,路易王更是因受不了這心理落差的刺激,一下子瘋了。

劇中人終歸是表演，但實際確很現實。我們的生活中充滿贏得起輸不起的人，這些人在成功時不懂得收斂以至於縱情聲色，到失敗之後又不懂得調節心緒因此一蹶不振。這樣的人即便是一時成功了，也不可能保護好自己的成就。

那麼一個成熟的人應該怎樣看待成敗呢？《莊子》裡面有一句話——「得而不喜，失而不憂。」得到了不必狂喜、狂歡，失去了也不必耿耿於懷、憂愁哀傷，無論是得是失，永遠保持一顆淡定超然的心，也只有如此，才可以稱得上是一個做大事的人，才有權利享受上天賜予的成功人生。

得而不喜，失而不憂，這是一種非常高的人生境界。擁有如此人生境界的人，相信無論是處於金鑾殿的朝堂，還是處於茅頂土坯的江湖，都能夠泰然處之。古代著名的醫學家李時珍就是一個這樣的人。

李時珍，蘄州人（今湖北省蘄春縣），明武宗正德年間生，因為家中世代行醫，從小就奠定良好的醫學基礎。後來李時珍來到皇宮成為太醫。在太醫院，李時珍見到了人世間最富貴繁華的景象，接觸了人世間最顯赫高貴的人，然而這一切卻並沒有令他沉醉，他明白自己要的是什麼——成為一名好醫生。

後來因緣際會，李時珍離開皇宮。在離開皇宮之

後，李時珍仍然可以過著富貴的生活，然而他沒有那樣去做。他選擇深入民間，到那些最貧苦、最卑賤的人當中救死扶傷。從朝堂到民間，從太醫到鄉土郎中，李時珍沒有任何的不快，仍然一心一意地對待每一個病人，刻苦鑽研每一味藥方，親自嘗試每一種草藥。

幾十年如一日的堅持，終於讓李時珍實現自己的抱負，他編撰中華歷史上最偉大的一本醫書《本草綱目》，並因此載入史冊為後世所敬仰。

在當今社會，像李時珍這樣看淡得失的人已經越來越少了，也正因為如此，才使得我們這個社會算得上成功的人也越來越少。因為大多數人都把自己的快樂和憂愁建立在得失之上，得到了就非常高興，一旦失去就過分憂慮，甚至為了少失去多得到不惜犧牲自己的道德和尊嚴。

人之所以會那麼重視自己的得失，是因為我們已經將人生是否成功，完全與物質的得失畫上等號。比如說，租房子的人覺得擁有自己房子住的人比較幸福，有房子住的人覺得住別墅的人比較幸福，而住別墅的人也以為別人比自己幸福。就是這樣，每個人都感覺自己是不幸福的。因此，每個人都拼命地去爭取更多的東西，讓自己的生活更加「幸福」。

然而，物質的增加永遠都不會讓我們的心靈得到滿足，反而會讓我們受到物質的負累。

佛家說「貪、嗔、癡、慢、疑」是五毒，論起對人心智的傷害，物質的貪婪是第一位的。一個貪婪而又沒有自控能力的人，即便獲得成功也無異於飲鴆止渴。

一個沒有什麼財富的人，過著簡簡單單的生活，其人生未必不快樂、不充實。然而有一天他中了百萬大獎，一夜之間暴富。有了錢，自然就要想怎麼去花，一下子，他的慾望之門就被打開了。他不再精打細算地過日子，而是整天想去哪些高消費的餐廳而煩惱；他不再為每天上班幾點出發才能趕上捷運公車而發愁，直接買一輛汽車，生活完全改變了。

然而不久之後，因為過於膨脹的慾望，中獎的錢被他揮霍一空，他再次過起清貧的日子。然而，他的心卻再也感受不到以前那種簡單的快樂了。因為他吃過山珍海味，就不想再吃蘿蔔白菜了；坐慣汽車，就不想再擠捷運公車了。但山珍海味和汽車畢竟已經成為過去，他只能陷入現實的苦惱中無法自拔。

其實他這種苦惱完全是自找的，試想，如果他一開始對暴富保持一種良好的心態，那又怎麼會有這種情況發生呢？

某公司一個小職員一直過著安分守己的日子。有

一天,他閒來無事用買了一張彩券,但沒想到他真的中大獎。因為平時就喜歡跑車,於是他用獎金買了一輛跑車,整天開著車兜風。

然而有一天不幸來臨了,他的車子被偷了。朋友們得知消息後都怕他受不了這一打擊,便一起來安慰他。可看著前來安慰自己的朋友們,他卻哈哈大笑對朋友們說:「如果你們當中有誰不小心丟了 50 元,會難過嗎?」眾人面面相覷。他接著說:「我用 50 元買了彩券,然後得到了車,現在車丟了,不就是 50 元的損失嗎?」

一反一正,上述故事主角的心態值得我們學習。其實,人這一生的榮辱都是做給別人看的,跟自己並沒有太大的關係。而只有自己過得幸福,那才是人生的真諦。「不以物喜,不以己悲」,得之,我幸;不得,我命。用這種寧靜平和的心態對待人生的起伏,那麼無論是得還是失,都能夠描繪出美麗的人生篇章。

忙裡偷閒，享受身心的愉悅

有句話說：「再長的路，一步步也能走完；再短的路，不邁開雙腳也無法到達。」偷閒才可以讓我們走出牢籠，得到出乎意料的暢快。在繁忙中體會到那一份無法比擬的舒心，也能夠在疲憊之時享受到身心的放鬆。忙裡偷閒就好像是將自己置身於維修站中，修整已經不堪重壓的身軀，然後甩掉那些掛在心靈上的大小包袱，為自己充充電，接著輕裝前進。等於停在加油站加油，填補的是動力，動力充足了，才能夠走更遠的路。

有一次，我在約旦旅遊，到一個小鎮去尋找古遺址。但四周都是荒漠，趕了一段很長的路，也沒有看到盡頭。當時，一心想儘快到達目的地，一路上只顧埋頭走路，累得精疲力竭。眼看就要到達終點了，我終於鬆了一口氣。就在這時，感覺到自己的鞋子有一粒小石子磨得雙腳很不舒服。

其實，剛開始趕路時，就感覺到那粒小石子在鞋子裡。但是那時，一心忙著趕路，不想停下來浪費時間，索性不去理會。

直到快到終點，才捨得停下急匆匆的腳步，心想快要到了，還有多的時間，還是脫下鞋子，把那粒小石子從鞋子裡倒出來，讓自己輕鬆一下吧。

　　就在我低下頭彎下腰準備脫鞋的時候，眼睛不經意瞄向路的兩邊，竟然發現沿途的荒漠和淒涼景色異常美麗。而自己這一路走來，心思只停在趕路上，匆匆忙忙地，竟然壓根兒沒有留意到，這一路怕是錯過了不少美景呀。

　　我脫下鞋子，將那粒小石子拿在手中，不禁感歎道：「小石頭呀！原來這一路不停地刺痛我的腳掌心，是為了提醒我走慢點，留意生命中的美好啊！」

　　有了這粒小石子的提醒，最後還算得以醒悟。那麼，同樣生活在塵世中的人們呢？

　　在都市緊張繁忙的生活中，很多人都像上緊發條一般，在快節奏中步履匆忙。但我們是否發現，這也像墨菲定律中的一個迴圈：**當我們節奏越快，發現自己越忙碌；當我們越想早點做完手頭的事，事情也就越多。**

　　每天忙著處理各種事務，忙著滿足自己的各種慾望，花費大量時間和精力把我們從物質世界贏來的一件件物品堆砌

起來，看著不斷增多的勝利品，我們以為這就是幸福。然而，大多數時候，得到的只是另一個現實世界，裡面滿是比較、茫然、疲憊、煩惱，甚至絕望，唯獨缺少擁有後的快樂和滿足。於是我們困惑了：難道這一切就是我們苦苦追求得到的結果嗎？

為了追尋心中所謂的幸福，這一路上我們從不敢停歇，生怕腳步一慢下來，就會拉開與幸福的距離。每一天，都行色匆匆，來不及欣賞城市的美景，甚至與親人朋友相處的時間都越來越少。可是，等我們終於把所追求的一切納入懷中時，卻發現或許已經錯過真正的幸福。我們像一隻被自己的慾望劫持的船，眼裡只有目標，只有彼岸，全然忽視河岸兩邊美妙的景致。這樣的人生難道不覺得乏味嗎？

偶爾讓我們放慢腳步，輕輕地走過每天都要走的路，安靜地欣賞路邊的一樹一朵花，慢慢地拉著親人的手回家，好好欣賞周圍的一切，也許一直尋找的幸福就躲在下一個轉角。

停下來，試著放慢腳步，你就能發現許多平時不曾注意的美好。卸下對生活的種種擔憂，放下對「得不到」和「已失去」的執著不捨，好好把握已經得到的幸福，這才是人生最珍貴的東西。此時此刻所擁有的才是世界上最真實的幸福。每一次有奇特的天文現象發生，人們就會將其當作不可錯過的焦點。如果天上的星星只出現一次，會有什麼事情

發生？人們一定都會出去仰望，每個看過的人都會大談特談看到的景象多麼神奇壯觀，媒體也一定會在事前事後做足宣傳。當然，這只是我們想像出來的話題。如果星星真的只出現一次，那麼我們一定不願錯過這難得的美景。而事實上，敬業的星星幾乎每天都出來妝點夜空，面對這熟悉的風景，我們很久不曾抬頭去看一眼。

正如藝術家羅丹（Auguste Rodin）所言：「生活中不是缺少美，而是缺少發現美的眼睛。」我們根本不必費心地四處尋找，美本來就是隨處可見的。給忙碌的自己放個假，放鬆心情，從記憶深處找出那些沒有壓力、使你感到愉快的經歷。在回憶中慢慢安靜下來。你會發現，這個讓自己安靜下來的過程，本身就是一種樂趣。把平日裡的煩擾和壓力丟在一旁，只用心靜靜體會快樂的感覺和幸福的滋味，或許那種快樂和幸福都是淡淡的，但你要相信，能被珍藏在記憶深處，它們一定是真正的快樂。先慢下心來，拋去慾望和執念，耐心地等待靜謐心情的到來。心靜下來了，浮躁的心情開始遠去，隨之而來的是一份舒適自在。

我們周圍常會有這麼一群人的存在，他們工作勤奮、努力，但是脾氣暴躁，生活也因此變得混亂。他們只顧匆匆趕路，常常忘了欣賞路邊的風景和周圍美好的事物。久而久之，他們變成了只會工作不會生活的人，越來越不幸福。不幸的

是，這樣的人似乎越來越多了。在高速運轉的快節奏社會裡，人們常常因為走得太快而錯過很多美好的風景，失去的是一份生命的美好體驗，多麼得不償失呀。無論你的目的地在哪裡，都要記得：請偶爾放慢腳步，靜下心來好好欣賞路上的風景，因為有時候，幸福就是躲在寧靜背後的一道風景。

牛奶已經被打翻，哭又有什麼用呢

　　印度詩人泰戈爾（Rabindranath Tagore）說：「如果你在錯過太陽時流淚，那麼你也要錯過群星了。」在人生旅途上，由於各種原因，總是要面對一些不幸的打擊。終日為這些遭遇而悔恨惋惜，甚至沉溺其中不可自拔，是幸福生活的最大障礙。因為當你為已發生的事實而悔恨時，你所錯過的可能會更多。

　　打翻的牛奶很快會流光，無論你如何抱怨、後悔、哀嘆和傷感，也都於事無補。既然這樣，不如學會向前看，讓以往發生的一切成為過去式。哪怕是再痛苦的打擊，對於今天的你來說，也已經毫無意義，應該學著用坦然的心態去面對人生的變故。

人生之中有得亦有失，這是不可逃避的定律。墨菲定律告訴我們：**失去某種東西也許會黯然神傷或者倍感遺憾，可是失去就是失去，很有可能意味著永遠不再擁有，如果過於執著或者沉溺於感傷之中不能自拔，那麼很有可能錯過更加美好的東西，更加得不償失了。**

切勿為了已經失去的東西而放棄現有的快樂，牛奶已經打翻了，再怎麼懊惱和後悔也於事無補了，所以過去的事情就過去吧，當下的快樂才最重要。

格林夫婦一家在義大利旅遊時，不幸遭遇劫匪。遺憾的是，他們最疼愛的年僅7歲小兒子尼古拉在這場劫難中中彈身亡。這對於格林夫婦來說無疑是一個巨大的打擊，他們如同做了一場噩夢一般。

可是，在醫生確定尼古拉的大腦已經死亡後，父親格林經過考慮做出一個驚人的決定，他要捐獻兒子的器官。於是，大約4個小時後，尼古拉的心臟便重新在另一個14歲的男孩的身體裡開始跳動，這個男孩有先天性心臟病，是尼古拉的心臟使他得以痊癒；而他的腎則使兩個腎功能先天不全的孩子有了活下去的希望；尼古拉的肝使一個19歲年輕少女脫離生命危險；而他的眼角膜則使兩個義大利人看到他們生命中的第

一縷陽光。

　　這件事情轟動整個義大利，媒體也對格林夫婦採訪，當被問及他們做出這個驚人決定的原因時，格林先生慢慢地說：「我們並不恨這個國家，也不會憎恨義大利人，我的兒子已經再也回不來了，但是我希望那個殺害我兒子的人能夠真心懺悔和反思，他在這樣美好的一個國家裡，犯下了怎樣的罪孽啊！」

　　格林夫婦臉上掩飾不住的痛苦和悲傷令人們十分同情，但是在同情之後，人們更多的是敬佩。格林夫婦在遭受如此重大惡劣事件之後所表現出來的冷靜與大度，不得不讓那些義大利人倍感羞愧。

　　假如你處在格林夫婦的境地，你會做出怎樣的選擇呢？是否能夠做到像格林夫婦那樣坦然接受？還是在沉重的打擊之下萎靡不振，難以接受兒子離去的現實，從此永遠沉浸在無盡的悲傷和憎恨之中難以自拔？又或者遷怒對整個社會和國家抱怨憎恨？

　　其實，我們必須承認，更多時候我們選擇沉淪，從此一蹶不振是心甘情願，雖然我們遠遠望著美好，但是由於仇恨和悲傷佔據了我們的內心，我們會選擇拒絕美好。

「人人皆可為堯舜」，我們不能做到像聖人英雄般博大的胸懷，但是我們可以選擇嘗試著走出痛苦。畢竟面對失去的東西，無論如何痛苦也是於事無補，不如釋然接受。

就像格林夫婦一樣，他們只不過是普通人，然而一場橫禍，讓很多人看到人性光輝的那一面。這種光輝雖然是在巨大痛苦之下綻放的，但是也因為痛苦使這微弱的光輝更加耀眼。這是一種神奇的力量，每一個人身上都具備這種力量，雖然它並不能塑造多麼偉大的輝煌，但是它至少可以點亮生命之光，閃爍出人性中的耀眼光芒。

波爾赫特是一位在世界戲劇舞臺上活躍 50 年之久的著名話劇演員，她曾經輝煌地塑造各種經典的舞臺形象。

都說福無雙至禍不單行，她 71 歲的時候意外遭遇破產，就在她為此心力交瘁的時候，生理上的打擊也接踵而來。一次她在乘船的時候，不小心滑倒在甲板上，她的腿也因此受到非常嚴重的創傷。醫生雖然已經盡力施救，但由於傷勢嚴重，迫於無奈需要為她截肢才能保住她的生命。醫生十分為難，擔心把事實告訴波爾赫特後她會承受不了這巨大打擊。

結果，醫生的擔心完全沒有意義。當波爾赫特從

他口中得知這個消息時,並沒有像預想的那樣表現出極大的悲傷,她只是淡淡地說了一句:「既然醫生都沒有更好的辦法了,那就這麼辦吧。」

從此之後波爾赫特並無大的情緒起伏,即使在手術當天,她還在輪椅上朗誦著戲裡的臺詞,後來有人問她是不是這樣可以安慰自己。她卻說:「我早已接受事實,還要安慰做什麼呢?只不過為我手術忙碌的醫生和護士都太辛苦了,我這樣可以給他們一些安慰。」

手術以後,她療養了一段時間便又開始到世界各地進行演出,她的舞臺生涯在此後又持續7年之久。

我們應該去學習這樣豁達的心態,坦然地面對眼前的現實,接受一切,面對已經失去的東西,我們所要做的並不是沉溺其中不能自拔,永遠活在痛苦的回憶中,而是重新振作,迎接新的生活,獲取新的希望。努力去爭取遠比痛苦懊惱而來得有效。「塞翁失馬,焉知非福」。生活總是還要繼續,不管昨天你的經歷是痛苦還是精彩,明天又會有不一樣的際遇,所以莫要停留在當下,一定要懂得去把握未來。心若一直停留在過去,那麼人生便會永遠停滯不前。人生多也不過

百年,若在失去的東西上白白浪費這許多美好的時光,那麼人生有多少光陰都是虛度過去,那樣痛苦和懊惱的時間便也會加倍延長了。

所以,當牛奶打翻之後,你不該哭泣,而是接受這個現實,然後再倒一杯牛奶。失去的就是失去了,時光不會倒流,前一秒發生的已經發生了,若你為這一秒的失去而浪費今後的數十年,那麼實在是太不值得了。只有接受事實,丟掉那些痛苦和苦惱,才能更好地迎接新的朝陽。

你若嫌棄自己長得不好,生活也會變得不好

一個人的樣貌是天生的,無論長得美與醜,都由基因決定。當然,你可以透過後天的技術改變模樣,那是另一回事。或美或醜,長相是你無法選擇的。每個人都想要優越的外在條件,但如果僅僅停留在外部的修飾上,那麼就算你天生麗質,這種美也是有時限的。墨菲定律給我們提示:**你若嫌棄自己長相不好,你會發現自己生活的各個方面都將變得不好**。所以,即便你樣貌普通,你也不必灰心,要給自己自信,告訴自己活得漂亮才是最重要的,這一目標與個人長相並沒

有必然的關聯。

你長得漂亮，這是你的優勢，但如果變成花瓶，那麼這種美便是無趣的，更有可能如曇花，在短暫的綻放後便稍縱即逝。漂亮的人生才是每個人追求的目標，這與個人長得漂亮或普通沒有關係。長得不漂亮不是你的責任，活得不漂亮就是你自己的責任了。容顏會老去，容顏可以改變，一個人的靈魂和內涵卻是不能變更的。當一個人的內心充滿著慈悲與善良時，內在的優雅便會自然而然地散發出來；當一個人內心足夠強大與通透時，淡定從容的氣質便足以讓她度過任何艱難的時光。

修得內在的歡喜與圓滿，是一個人掌控自己生活的本質要求。這份活得自在的瀟灑與從容，可以讓她抵擋住歲月的侵蝕，即使容顏老去，仍然可以活得有滋有味。長得漂亮只是年輕時候的事，活得漂亮才是一輩子的事。

但凡見過雙雙的人，都會有一種被驚豔到的感覺，自然而然地被雙雙的氣質所吸引。其實雙雙並非絕世美人；相反，由於她右臉頰上方有一塊不算大卻不容被人忽視的紅色胎記，單從容貌上來說，雙雙甚至有些醜。美與醜集結於同一體，卻毫無違和感。

當我還是一名記者，第一眼看到雙雙時，就被她

的微笑所打動。當鏡頭無意間對上雙雙右臉頰的紅色胎記時，雙雙沒有閃躲，神色依舊淡定。雙雙現在是一名暢銷書作家，她的作品主題是關於人性方面的。對於人性的美與醜、善與惡，雙雙在書中給出了引人深思的刻畫。隨著採訪的深入，開始被眼前的女子所折服。淵博的知識、優雅的談吐無不昭示著雙雙良好的個人修養與魅力。

談及過往的坎坷經歷，雙雙始終氣定神閒。父母在她7歲時離異，雙雙與父親一同生活。父親把年幼的雙雙帶到了國外，於是雙雙便在異國他鄉長大。父親需要外出工作，把雙雙一個人留在家裡。語言不通、文化相異，當雙雙獨自出去時，感覺自己與周邊的一切格格不入。再長大些，雙雙被父親送進學校。與老師同學溝通不順、因樣貌缺陷被他人嘲笑，雙雙的幼小心靈受到深深的傷害。鬱鬱寡歡的雙雙不肯去學校，在父親的鼓勵下，雙雙很長一段時間後才克服自卑與畏懼。不畏各種困難，雙雙以優異的成績得到大家的刮目相看，被認可的雙雙從此開始自己真正的異國生活。大學畢業後的雙雙選擇回國，由於對文學與寫作的愛好，雙雙成為一名職業作家，名氣也越開越大。

看著眼前侃侃而談的女子，欣賞之情油然而生。

雙雙的舉手投足間都透著一股自然的優雅氣息，無關乎她的容貌與學識，而是一種從骨子裡散發出來的氣質。採訪結束後，雙雙給我留下深刻的印象。從她的身上，我懂得了如何活得漂亮。

　　以女性來說，美貌固然重要。風情萬種，千嬌百媚，無一不是與美貌直接相關的詞語。每個人都喜歡美的人或物，美的人或物讓人賞心悅目。然而，若是一個活得粗糙的美女，即使初見時她的美貌讓人覺得驚豔，但隨著交往的深入，最初的欣賞便會一點點褪去，甚至變為反感。

　　有些人外表光鮮亮麗，內心卻是一片荒漠；有些人面目可憎，他的笑卻感染了無數人。容顏不是美好生活的必要條件，心靈的美才是活得漂亮的必要因素。無論樣貌是否美麗，只有活得漂亮，你才能活得精彩。

逆轉墨菲定律：如何讓你擔心的事不再發生

作者	李世強	製版印刷	凱林彩印股份有限公司
責任編輯	單春蘭	初版 1 刷	2024年8月
版面編排	江麗姿		
封面設計	任宥騰	ISBN	978-626-7488-17-1／定價 新台幣400元
資深行銷	楊惠潔	EISBN	9786267488164 (EPUB)／電子書定價 新台幣280元
行銷主任	辛政遠		
通路經理	吳文龍	Printed in Taiwan	
總編輯	姚蜀芸	版權所有，翻印必究	
副社長	黃錫鉉		
總經理	吳濱伶	※廠商合作、作者投稿、讀者意見回饋，請至：	
發行人	何飛鵬	創意市集粉專 https://www.facebook.com/innofair	
出版	創意市集 Inno-Fair	創意市集信箱 ifbook@hmg.com.tw	
	城邦文化事業股份有限公司		
發行	英屬蓋曼群島商家庭傳媒股份有限公司	本作品中文繁體版透過成都天鳶文化傳播有限公司代理，由	
	城邦分公司	北京盛桐圖書有限公司授予城邦文化事業股份有限公司創意	
	115台北市南港區昆陽街16號8樓	市集出版社獨家出版發行，非經書面同意，不得以任何形式	
		任意複製轉載。	

城邦讀書花園　http://www.cite.com.tw
客戶服務信箱　service@readingclub.com.tw
客戶服務專線　02-25007718、02-25007719
24小時傳真　02-25001990、02-25001991
服務時間　週一至週五 9:30-12:00，13:30-17:00
　　　　　劃撥帳號　19863813　戶名：書虫股份有限公司
　　　　　實體展售書店　115台北市南港區昆陽街16號5樓
　　　　　※如有缺頁、破損，或需大量購書，都請與客服聯繫

香港發行所　城邦（香港）出版集團有限公司
　　　　　　香港九龍土瓜灣土瓜灣道86號
　　　　　　順聯工業大廈6樓A室
　　　　　　電話：(852) 25086231
　　　　　　傳真：(852) 25789337
　　　　　　E-mail：hkcite@biznetvigator.com

馬新發行所　城邦（馬新）出版集團Cite (M) Sdn Bhd
　　　　　　41, Jalan Radin Anum, Bandar Baru Sri Petaling,
　　　　　　57000 Kuala Lumpur, Malaysia.
　　　　　　電話：(603)90563833
　　　　　　傳真：(603)90576622
　　　　　　Email：services@cite.my

國家圖書館出版品預行編目資料

逆轉墨菲定律：如何讓你擔心的事不再發生/李世強著. -- 初版. -- 臺北市：創意市集, 城邦文化事業股份有限公司出版：英屬蓋曼群島商家庭傳媒股份有限公司城邦分公司發行, 2024.08
　面；公分 -- (Redefine 哲史思)
ISBN 978-626-7488-17-1(平裝)
1.CST: 成功法 2.CST: 生活指導

177.2　　　　　　　　　　　　　　113008640